당신의 시간 통장

당신의 시간 통장

草石 **張 熙 宇** 시집

새문화출판사

| 책머리에 |

　어쭙잖은 작품들을 한데 모아
　첫 시집으로 내놓으려니 많이 부족함을 봅니다. 늦음과 부족함은 나의 게으름 때문임을 깊이 깨닫습니다. 좋은 시를 쓰겠다는 다짐과 함께 책을 엮습니다.

　제가 쓴 시는 제 안의 삶들입니다.
저는 일생을 교단에 몸담아 왔습니다.
학교에서는 학생 선생님으로, 지금은 평생교육원, 복지관이고 보면 평생을 배우고 가르치는 텃밭생활이라 하겠습니다.
　고향 산골에서 자라 농어촌 도시로 지금껏 먼 길을 걸으며, 다양한 이웃으로 만난 많은 사람이 어렵거나 힘들어도 좌절하지 않고 꿋꿋이 꿈을 가꾸는 따뜻한 사람과 마주하여 소통하며 애환을 함께했습니다. 시간이 나면 주변 명소를 자주 찾아 아름다운 자연의 오묘함을 마음으로 느끼고 사색하기도 했습니다.
　저의 삶이 얼핏 생각하기에는 한 시절을 겪어온 시련인 듯 보이기도 하나 지나고 보니 행복한 시간이었으며 나에게 주어진 것에 오늘을 살아옴에 감사할 뿐입니다.

정년 후 나의 글을 시로 기록해 보고 싶었습니다. 사물을 아름답게, 사랑으로 삶의 가치를 높이려 애써 시적 감각을 마음껏 싹틔워 보려고 힘썼습니다.
 그러나 부족한 사람이라 콩같이 자잘하고 호박처럼 못나고 비뚤어진 조각들뿐입니다.
 하지만 저 나름의 크고 작은 인생사를 순수한 자연의 소리로 담으려고 애쓰기도 한 글입니다.
 허물어져 가는 각박한 이웃이 희망과 용기를 잃지 않고 따뜻하게 살아가는데 그나마 보탬이 되기를 소망해 봅니다.

 시 공간 차이로 읽는 분들의 생각과 다른 글이 있다면 견해차를 인정하며 정겨운 눈길로 시집의 시를 읽어 주시기를 바랍니다.

2024년 늦가을
草石 張熙宇

| 목차 |

004 책머리에

제1부 봄이 오려나

014 봄이 오려나
015 제라늄
016 고향 친구
018 정情
019 매화 축제
020 봄은 스멀스멀
021 안개
022 찔레꽃
023 아카시아 꽃피는 며칠
024 달맞이고개
026 개구리의 노래
027 산이 좋아
028 봄비
029 호야꽃
030 학포 나룻배
032 단풍잎을 보며
033 기다리는 사람
034 봄날의 화끈한 벗

제2부 당신의 시간 통장

036 당신의 시간 통장
037 댓잎 배
038 초승달처럼 살아라
040 참샘바위
041 정거장
042 자투리땅
043 아직은 청춘
044 구절초의 소망
045 장모님
046 차 속의 향기
047 폭염暴炎2
048 발바닥
050 달집 태우는 날
051 칼국수 집
052 멧돼지의 변辯
054 봄비 내리는 날
055 빠삐따
056 살아있는 한 움직인다
058 늦가을

| 목차 |

제3부 해변의 불빛들

060 해변의 불빛들
061 달빛 바다
062 해변의 밤
063 몽돌
064 추도행
066 만지도晩地島
068 곁에 있는 여자
070 유비무환有備無患
072 첫사랑
073 다시 만난 섬
074 생도
075 다릿돌전망대
076 부산갈매기
077 야간해수욕장
078 삼포 가는 길
079 아쉬운 경기
080 낙엽2
081 행암 산책길
082 오륙도

제4부 덕암산 바라보며

084 덕암산 바라보며
086 임해진 강변
088 고향길 코스모스
089 우포늪의 한여름
090 논두렁 밭두렁
091 폭염暴炎1
092 창밖에 내리는 비
094 괭이
095 가을 햇살
096 아늑한 집
097 보리밭
098 무정한 것은 글
099 봄꽃
100 아전인수
101 영남루
102 한가위
103 내 곁에 가을
104 자주 만나자 했지
105 팽나무

| 목차 |

제5부 함박눈 꿈이라오

- 108 함박눈 꿈이라오
- 109 억새가 불의 정기를 꽃 피운다
- 110 한겨울 풍경
- 112 십리대밭 길 걸으며
- 114 엄마라서
- 116 해바라기 꽃판
- 117 삼한사진三寒四塵
- 118 아직 살만한 세상
- 119 목단화牧丹畵
- 120 행복한 나
- 122 그리움은 연잎에 앉아
- 124 부모님의 집
- 126 보헤미안 랩소디
- 127 덕담德談
- 128 디딤돌 의인
- 129 겨울나기2
- 130 인생의 반환점
- 131 홀로 벚꽃

제6부 여행하며 삽시다

- 134 여행하며 삽시다
- 135 베르겐
- 136 베니치아 산마르코광장
- 138 융프라우 영봉靈峰
- 140 황혼 여행
- 142 나이아가라 폭포
- 143 만남
- 144 역마살驛馬煞
- 145 뭣 모른다
- 146 코린토스 운하
- 147 청송青松
- 148 낙엽1
- 149 코로나19
- 150 겨울나기 1
- 151 외로운 날
- 152 소나무가 힘들어
- 153 세모歲暮
- 154 스핑크스

- 155 추천서

제 1부

봄이 오려나

봄이 오려나

언덕 아래
엎드린 도랑물
지친 틈새 따사로움 찾는다

버들 봉오리 뾰족
매화 가지는 분홍빛 꽃망울
분주하게 손님맞이 새길 터놓고
앉아야 반기는 작은 아씨 별꽃
은은한 별빛 함초롬하다

나를 부르나 봄볕
어디서 기다리다 그새
가까이 퍼지는 향긋한 봄 내음
보고 싶을 때는 보고파 더 그립다
그대 곁으로 봄이 오려는가

이맘때 마음은 여린 햇살
봄이 오려나

제라늄

제라늄을 그리는
붓끝에서 내일 바라며
지칠 줄 모르던 여인을 본다

화단에 붉은 용사들
사철 내내 목숨 걸듯
녹색 숲속 헤치고 불끈 솟아
검붉게 피고 지는 매혹적인 꽃
당당한 사랑의 카르멘이다

자신의 꽃으로 피우는
순간순간까지 열정이 담긴 화폭
아픔과 슬픔을 사랑으로
위로받아 새롭게 덧칠한 꽃말
그대 있어 행복합니다

주체할 수 없는
우아한 여인네의 감성
화단畫壇을 화려하게 파고든다

고향 친구

친구야
그땐 먹고 싶고
가지고 싶은 것 많았지
있으면 있는 것 없으면 없이 살아
언제나 마음만은 행복했잖아

눈 뜨면 맨날 큰 마당에 약속이나 한 것처럼 나와 무슨 얘기 그리 재미있어 웃다 울었는지, 공일은 마나골 도랑에서 가재 잡다 굴뚝 연기 들녘을 나직이 깔릴 때 소 몰고 집으로 갔었지 우리 뛰놀던 둘레길은 어지럽게 자리 깔고 누운 온천관광특구. 그래도 정들어 마냥 못 잊을 고향 그날같이 살고 싶어라 이 맘때는 장독대 옆 봉숭아꽃 피고 네 손톱 발갛게 물들이겠다

친구야
추억이 부르잖아,
조약돌 주어 물수제비 그리자는 임해진
덕암산 아래 원동 못은 소풍 갔던 곳
멱감던 개울에서 발 한번 담가보자
소소한 즐거움 잔잔히 떠오른다

보시게 친구
간간이 안부를
가끔 걱정은 부디 아프지 않았으면
영원한 벗 나의 고향 친구
고향 친구

정情

돌아앉은 제자리
산처럼 쌓인 정 때문일까

네가 준 것 가당찮아도
마음에 와닿는 고픔이 무언지

꽃잎처럼 피고 지던 나날
어쩌다 언짢아 토라지는 날 없겠나
제 탓, 네 탓 제풀에 웃고 울었지
쓰러지다 흔들리다 곧장 제자리
지나던 바람이 우릴 웃는다

살다 보면 미운 정
고운 정 따로 없더라
때로는 아프기도 흔들리기도
당신과 나날은 정이고 사랑인걸

정으로 살아온 우리네 인생
사랑하며 살아가야지

매화 축제

매화 축제 날
흐드러지게 핀 기찻길 화폭
꽃잎 실은 나룻배 강물 가른다

봄으로 바뀌는 기쁨
은은한 행복 기대와 희망으로
감탄 시어 쉽게 읊으며
감질나게 부르는 화들짝 매화
한가득 잔치 꽃 음식 차렸다

그윽한 매향처럼
마음속에 피어나는 얼굴
네가 좋아 한나절 내가 즐겁다
사랑이 머무는 원동 매화 축제
벌들이 덩달아 요란하다

강물에 떠오른 봄나들이
기찻길 덮었다

봄은 스멀스멀

아직
찬 바람
얼굴 시린데

저만치서 머뭇
겨우 은빛 온기 잡아
얼음물 머금고

스멀스멀
한 발 한 발 곁으로
바삐 안부 전하는 매화
언제 봄소식 전하다
우체통 앞이다

반가운
그대 편지
얼른 달려가는
봄기운 아른하다

안개

코앞 산마루
아는 길이라 생각을 놓지 마라

눈을 부릅떠도 흐려
예측으로 어렴풋이 짐작만으로
발 헛디뎌 덤불 속 헤맬라

거짓도 하얀 진실
진실도 검은 거짓처럼
보일 듯 못 보는 허상의 그림자
짜증이나 닮은 얼굴로 숨는다

금방 찾아와 사라지는 우연
달빛에 비친 풀벌레 소리처럼
푸른 음절을 감미롭게 엮는 환상
자연이 빚는 몽환적 아름다움이다

우리 일상 또한
안개 속일 때가 있다

찔레꽃

한 많은 려여인麗女人
눈물로 얼룩진 설움 시리고 아파
가시가 돋았습니다

산그늘도 흐느끼며
홀로선 너를 찾더구나
통한한들 무슨 소용 있으랴
외로울 긴 밤 하얗게 새라고
에둘러 짙은 향기로 잠들게 했지요

여인네의 지친 아픔이듯
가녀린 사랑은 찔레로 솟아
바램의 다리로 부요扶搖 하는 하얀 꽃
지나온 자리마다 찔레꽃이
몽글몽글 피었습니다

오월의 스산한 바람
가슴을 스며드는 하얀 봄날
찔레꽃 향기로 깊어만 갑니다

아카시아 꽃피는 며칠

하얀 향기를
주렁주렁 매달아
붙임성 있게 기다리는 꽃

연둣빛 입술
기다려 줄 시간 짧아
숨 가쁘게 드나들던 빨대
만남의 일주일은 나눔의 시간
따뜻한 사랑 해 떨어질까 봐

며칠 며칠만
아카시아 꽃피는 며칠
꿀벌은 봄 향기를 모은다

비 오는 날에는
금방 갤까 애타는 심정
꽃들의 아픔이야 기다림이지

젖은 날개로 나를 곤충은 없다
울산서 꿀벌 치는 성 교장校長
친구 생각나 걱정이다

달맞이 고개

작약꽃다운
아리따운 소녀
수줍던 미소로 책갈피에서
연모의 편지를 읽는다

새겨 묻었던
하얀 글씨 회한回翰
어쩔 수 없이 그런데도
청순한 네 모습만 자꾸 떠올라
내 곁의 얼굴로 머문다

달은 덧없이 밝아
애틋이 찾아드는 푸른 시절
외로운 연인의 속삭임이듯
쓸쓸히 들으며 돌아가는 고갯마루
간절한 사랑이 아련한 고개
첫사랑 생각나는
달맞이 고개

저만치 가버린 세월
마음 아파 말고 괜스레
애타 불러보는 한참이던 학창
달맞이꽃 활짝 피었지
이젠 달맞이 사연은 놓자
하얀 파도처럼 흐느끼며
또 철석인다

지금쯤 육십 넘은 초로의 흰 머리
아직도 고운 함박꽃 봉우리
잊은 듯 떠오른다

개구리의 노래

장마철로 접어들면
개구리들이 무논에서 야단법석이다

비 오는 날에는 더욱
울음주머니가 터지도록
들녘이 떠나갈 듯
'개굴개굴' 사랑 찾는 구애의 합창

덩치로 쉽게 유혹하는 수컷
눈치 빠른 작은놈은 잽싸게 달려들고
똘똘한 놈 자리 옮겨 순간에
기회를 놓일세라 속살 꽉 안고서는
눈치코치 없이 부르는 노래

멈출 수 없었던 짝짓기
움쩍달싹 붙어 대뜸 발산하는
절정인 제들의 노래가 환상적이다

사람이라 다를까 동물의 본능
제격에 맞추어 사랑을 노래한다

산이 좋아

산이 좋아
오를수록 힘들어도
산이 부르는가 싶어
오늘보다 젊은 날 없다며 오른다

가질 수 있어
다 줄 수 있는 정상에서
찌든 일상 벗어나 떠오르는 소망
그간 잊고 살았던 안식처가 보인다

오르면 오른 만큼
내려가는 같은 길에서
누군가 부르는가 싶어 돌아보지만
산그림자 따라 바쁘게 내려오는 새소리
문화센터 마치는 동행 길 벨 같아
마냥 정겹기만 하다

오르지 못해 바라보는 산
마주한 얼굴 빗방울 맺혀 있다

봄비

봄비는
빙그레 웃으며

움츠렸다
마주하는 새 희망

어려울까
힘들까 살며시

한 번 더
안쪽을 깨우듯
우리 사랑 심었네

따뜻이
싹트도록

봄비
사랑을 꽃피운다

호야꽃

아파트 베란다
가슴 따뜻한 푸른 정원
더운 날 호야꽃 팡팡 터진다

하루 몇 번을 만나는
십년지기 내내 꽃 없다가
기별 없이 찾아온 하얀 천사
작은 별 꽃송이들이 나팔 불며
식구들 앞에 얼굴 내민다

싱싱한 덩굴 두툼한 이파리
믿음직한 옛 친구 반갑게 만나
도란도란 지난 얘기하는 아침
호야꽃 천사와 차 한잔
하루의 시작이 즐겁다

산 정상의 소리
젊음은 호야 외치는 야호
호야꽃 믿음이 도톰하다

학포 나룻배

"배 타 주이소"
뱃사공 큰 손 흔들며
목청껏 한참 부른 시간
이제들 들었나

추억이 반짝이는 낙동강 물결
마산 갈 때는 본포 나루터
북면 온천은 신천 나루터
오고 가는 4계절 싣고
강을 건네주는 나룻배

수산장 서는 날
아이 업고 둘 손잡아 배 타는 아주머니
손가방 들고 등짐 가득 진 아저씨
윗마을 아랫마을 오일장 가는 날
오붓한 농촌 나들이다

우리네 사연 싣고
기다리던 마음 고달픈 사랑도
학포* 나룻배 강물을 가로지른다

다들 떠난 강가
마중 나왔던 자리마저 지운 나루터
흐르는 강물은 지금도 그대론데
그저 멀어만 가는 강변
그렇게 흐르는 야속한 세월
잊혀만 가고 있네

저무는 나루터에 앉아
본체만체 흐르기만 하는 강물을 본다
그리 악착같이 살지 않아도 될 것을

*학포 : 경남 창녕군 부곡면 학포리며 창원시 밀양시와 낙동강을
 경계한 농촌 마을

단풍잎을 보며

아낙네의
은빛 머리카락처럼
단풍잎 빛 무늬 서릿발 내렸다

단풍잎 내리면 낙엽
나무가 지어준 대궐 같은 집에서
사람들 칭송받아 즐거움 주고
화려하게 살아온 얼굴이다

깊이 새겨진 경륜
나지막이 쌓인 오버랩
살아온 보람 못 잊을 아픔도
버리고 떠날 만큼의 진중함이다

인생 황혼에 비우는
멋스러움이라
잠시 중얼거리기도 한다

기다리는 사람

바쁜 사람

새치기하는
너만, 바쁘냐

줄 선
나도 바쁘다

기다리는 사람
마음의 여유

봄날에 화끈한 벗

찬란한 꽃잎
잠깐 곱다 흩날려
아름다운 젊음도 잠깐이듯
언덕 언저리 점박이 흰 꽃
호숫가로 잔잔한 꽃띠 마을 이뤄
뭉게구름 떠가듯 봄노래 한다

꽃 피면 환히 웃고
질 때는 한순간이 무너지듯
마음 아파 괴로운 날 많았으나
흔들림 없이 끊고 맺음이 확실한
사랑하는 만큼 네가 피고 진다

화끈한 봄날의 벗
경주 보문단지 벚꽃 길
화끈한 벗과 봄날을 걷는다

제 2 부

당신의 시간 통장

당신의 시간 통장

공짜 없는 세상
믿을 것이란 자신뿐
시간은 아무에게 기다려 주지 않는다

헛됨 없는 일분일초
적당히는 내 시간이 아니지
신념 하나로 싱그러운 젊음을
쉼 없이 앞만 보고 일해온 나날
벅찬 기대는 먼 훗날에 견뎌 왔다

바쁘게 살아온 당신에게
소중한 시간을 일깨우는 버팀목
못다 한 것 새로움 그냥 지날까 봐
눈부신 하루도 여유롭게 살아야
몸이나 마음이 덜 늙는다

그지없이 은혜롭게 살아가는
멋진 당신의 시간 통장
나이 든 이 시간 통장
잔고는 얼마인가?

댓잎 배

댓잎 배 만들어
십리대밭 샛강에 띄웁니다

남과 같아서는 남을 앞지를 수 없지
젊음은 희망과 용기
자신을 던져 열정적으로 일하는 딸

언젠가는 태평양에 우뚝 설 깃발
무사 항로를 기원하며
딸이 자랑스럽습니다

경京이라 이름 지었을까요
바램의 씨앗을 운명인 양 껴안아
힘들 때는 댓잎 배 떠올려
남 부럽지 않게 뿌리내렸습니다

따뜻이 보내는 한 줄기 햇살
잘살라는 믿음의 메시지
사랑의 응원입니다

초승달처럼 살아라

샛노란 눈꺼풀 배
별이 쏟아지는 동짓달 초나흘
외로운 바다를 혼자 노저어간다

조금씩 솟아오르며
둥근 채비로 다시 돌아보며
차츰차츰 푸른 생각을 밝힌다

삭막한 십 여일은 인내
나를 몰라줘 조급해할 때
낮달처럼 얇아 바람이 지울까 안타까운데
가는 길 바로 짚어 주시던 아버지

달은 어두움 와야 제 모습을 찾지
매사는 순서가 있고 때는 기다림이지
후회로 돌아올 한 방은 생각하지 마라
부질없는 욕망은 그저 욕심일 뿐
창공의 초승달처럼 키워라

바라는 사람 되기란
지금은 꿈이라 벅참이지만
언제나 분수껏 최선을 다하여
네 안을 채워야 한다

보름달처럼 잘될 거야
초승달이 차츰 커 가고 있다

참샘바위

앞산 너덜겅 사이로
우뚝 선 큰 바위
세속 얘기 주고받는 귓속바위
그 틈새로 바위 땀 고인다

새벽에 노루도 한 모금 한다는 길목
소 몰고 가다 찬물 꿀꺽
하나같이 자식 잘되기를 바라시며
그믐날에 촛불 밝히고 기원하던 소원 샘
당신이 믿음이고 힘이다

육중한 덩치로 세상 떠받쳐
시퍼런 잣대로 한치 흔들림 없이
바른길에 물불을 가리지 않고
자리나 위치가 바뀌어도 변함없는 사람
폐부肺腑를 찌르며 침묵으로 막아선다

거기
참 좋았던 시절
덤불 덮이고 비단개구리 제철 만나도
참샘바위 아침햇살 퍼진다

정거장

멈춰선 스카이캡슐
마지막 해변열차도 떠난 시간
머문 자리 붐비던 광장을 돌아본다

만나자 헤어지는 정거장
떠난 인연 본 듯
생각 머무는데
아련히 피어나는 물안개처럼
떠난 자리 외로운 밤 달래려
교각 아래 사색의 불을 밝힌다

아쉬움인가 서운함인가
손님은 벌써 가고 없는데
매표소 일 이층 내 집 되짚으면
별들은 빌딩 숲에 내려앉는다

시간표대로 바쁜
미포 정거장
기다리는 시간은 쓸쓸하다

자투리땅

돌 덤불 뜯어
한 뼘 넓힌 메마른 자갈밭
신념의 공간은 또 다른 애환哀歡

손바닥만 해도
자투리땅 일구어 씨를 뿌린다
땅 없이 살아갈 수 없던 시절
흘린 땀만큼 거두는 진솔한 일터다

아둥바둥 살아오며
개발 세상이 와도
제값 받아내야 한다며 끝까지
잡고 있어야 했던 내 소중한 땅

세상 이치는 핑곗거리
웃느냐 우느냐는 내 삶의 바람
해묵은 푸념 빈자리 채워 보지만
텅 빈 가슴 빗방울 떨어진다

지금은 내 마음속 금 바가지
자투리땅 도시 한복판에 있다

아직은 청춘

문전옥답 놀이터
논배미 넘나드는 개구쟁이
국경선 "침범하기만 해봐라"
전답 지키지 못해 시무룩한 얼굴

지금 책상은
국경선 경계도 없네
떠난 고래 새우와 어울려
어르신들 젊은이처럼 생활하고 싶다

논배미 책상은 컴퓨터
모니터 정보화 공부방
손자들과 카톡 주고받는다

새롭게 도전하는 늦깎이
아직은 생각할 수 있어 청춘
그 시절 못했던 배움이 즐겁다

구절초의 소망

가식 없이
곁을 돌보지 않아도
정들어 피어난 애절한 구절초
청순한 그대로가 사랑스럽다

그냥 비켜나면
낯설어 쓸쓸한 인연
무던해야만 겸손인 것처럼
살아온 인내의 시간을 돌아본다

정직해서 손해 보고
착하면 무시당하는 세상
모진 세월을 끝이라 고개 저을 때
더한 자신의 꽃으로 가꾸었다

부끄러움 없이 착한
누군가 진솔한 사람 없소
기다리다 구구절절이 만나는 사랑
이왕이면 맞춰 잘살고 싶다

장모님

"매번 힘드신데
오늘은 제가 맛있는 곳 모시겠습니다"
"밖에 음식이 그렇잖아
밖에서 돈 쓰지 말고 집에서 간단하게 먹자
잠깐만 기다리게 대충 차릴 테니"

생선구이, 게장에
김치와 나물은 몇 가지가 되고
빠질세라 씨암탉,
찌개는 뽀글뽀글
육, 해, 공군 상다리가 부러지겠네

그저 살가워
다 해주고 싶은 진수성찬
바라만 봐도 절로 배가 부르다

언젠가 사위 맞을 딸도
제 사위에게는 뭐가 다를까

장모님 사랑은 사위인지
사위 사랑이 장모님인지
어떻든 백년손님

차 속의 향기

드라이브 스루
차 안의 차 생활공간에 들어와
입김에서 차향이 흩어 퍼진다

일 분이 빠듯한 아침
주유소 들리어 서둘러 주문하는 커피
창밖은 봄볕이 묽도록 맑다

한 줌의 볕이 내리 앉아
혀끝 휘감는 차
마음을 녹인다

바쁜 시간일수록
여유를 갖고 침착하게
아찔한 순간 눈앞이 번쩍할 때
차 한 잔은 신경을 곤두세운다

차 속에 피어난 문화
향기로운 드라이브의 상큼한 멋
좋은 아침 사랑이 달린다

폭염暴炎 2

잠 못 드는 밤
최장 열대야 한 달을 넘겨
세상은 온통 찜통이다

패지 가득 실은
독거노인 김씨 짐수레
공원에 닿자 수도꼭지 삼키듯
드렁드렁 물을 마시며 생사람 잡는다
올여름 해도 해도 너무한다

불가마 솥 무더위
온열 환자는 늘어만 가는데
얼마를 참아 더 버틸까
지친 몸 뒤척이며 잠 못 들여
찌푸린 얼굴 열받아 발갛다

에어컨은 밤잠을 모르지
김 노인 잠시나마 잠들 수 있으면
응어리로 남았던 시름 잊는다

발바닥

세상 끝은
땅이 아니다
밑으로 지하도 있다
우선 양말과 신발 거쳐야 땅
제 몸무게 백배 천배
어려움 참으며
등짐 지고 산다
상식이 통해야 가치 있는 일
간밤에 날개 잃고 짙푸른 숲 지나
겨우 걷는 불쌍한 새를
보듬기는커녕
거짓으로 덮고
상처를 후벼 판다
마치 남 얘기하듯 부아를 돋운다
억울해하지 마
한두 번 아니잖아
못 본 채
못 들은 채
모른 척
침묵의 무게만큼 내려놓는다

벼랑 끝에서 땅으로
지하로 통하는 마지막 길
짓거리들치고는
지겨워서
기다려 줄 시간 한참 지났는데
제들은 몰라
오늘은 세상 탓하기 전에
발부터 씻자

달집 태우는 날

대보름날
제 몸 던져
액 쫓고 복을 안겨주는 달집

기울어진 달 보며
올해는 비가 많이 내릴 듯
신수神水 빌던 아낙네는 벌써 풍년
타다 남은 솔가지 돌담에 걸쳐놓으면
한해 액운 담장 넘지 못한다

차오르는 달
새로운 미래를 밝히면
젊음의 용기로 당당히 채울
나와의 약속은 자신이 지킨다는
달빛 바람
창공을 외친다

순수하게 꿈꿔온
정월 대보름날의 소망
달집으로 뛰어든다

칼국수 집

손님 많은 집
뭐가 달라도 다를 수밖에
여자들 기호에 맞아야 맛나
오신 분 또 찾아 다른 분 동행한다

쫄깃쫄깃 바로 뽑은 면발
주부가 사용하는 맛난 재료를
아낌없이 듬뿍 넣고 정성껏 끓인
깔끔한 맛
육수가 아침 공기처럼 산뜻하다

엄마 생각나는 열무김치
비빔 보리밥 반 공기는 덤
한 끼 후루룩 당기는 단골손님
매일 찾아가는 칼국수 집

점심때면 만원
앉을 자리가 없네
대기 예약 순번이다

멧돼지의 변辯

호虎 형이 떠나던 날
인간에게 쓸모없는 자 사라집니다

금싸라기 땅 물려주고
그윽한 적막 속에 생 구를 겨우 찾았으나
물이 역류하는 산골짝
내 영역을 오르내리던 일성
내려가기만 하면 길을 잃고
산 메아리로 묻힙니다

살아갈 터전 좁아
종일 뒤지고 파헤쳐 풀뿌리 몇 개 찾았지만
벼 한 되 넣었다고 볏섬 채운 것 같을까
"배고파, 죽을 지경이었습니다."
이리 죽으나 저래 죽으나 눈이 뒤집혀
농작물 한번 슬쩍 했습니다

등짝에 붙은 춘궁기
허기진 배 움켜잡고 잔 밥통 뒤지다
겨우 목줄만 붙들었습니다

말 못하게 사냥개와 총
흉흉한 인심을 살맛 나는 세상
민심이 이렇게까지 각박할 줄이야,
요즘 우리처럼 못 먹어 죽는 사람 있소

험난한 이 세상
"다른 욕심이 없었습니다"
배곯는 설움 그저 먹고 싶었습니다

냄새로 표시한 영역
부족한 머리라 잊은 지 오래
애달픈 말들 미풍으로 흩어집니다
그저 살고 싶습니다

운명대로 살았지요
저를 자연 일부로 인정하는
새로운 시각에서
공존할 수 없겠습니까

봄비 내리는 날

새벽일까
늦은 아침
봄비가 늦잠이네

말랐던 대지
깊이 자리 잡고
씨앗 내려
고조 곤히 보듬는 봄비
고향 들녘 일깨운다

비 맞으며
한참을 네 생각 하고 걷네
비 오는 날은 더 그리워
푸른 시절 떠오른다

잊지 못해 에둘러
봄비 내린다

빠 삐 따

친구야
지금까지 살아온
우리 사이 좋아
이대로 지네

빠지지
삐지지도
따지지도 말고
빠 삐 따

당신아
나이 들어도
더 나이 들어도
우리 **빠 삐 따**로 살아!

빠, 삐 ,따.*

*빠삐따 : 초등학교 동기 카톡(김*희) 글이 마음에 닿아 엮어 쓴
 글임

살아있는 한 움직인다

장산 노인복지관 가는
호안 도로 벤치에 전동휠체어 세워두고
새로운 이야기들일랑
이삼일 안 보이면 큰일
돌보는 사람 있어 맘 놓아도 될까
요양병원은 저세상 마중 가는 길이라던데
가더라도 내 발로 가고 싶다

금방 다가올 먹구름 피할 길 찾아야지 곱씹어 무엇
하나 넘칠 때는 몰랐던 것 부족해서 알 듯 구부정해
진 몸 조금이라도 펴지게 움직이어야 그나마 살아있
다 한 발 내딛기 하루가 달라 금방 몰아쉰 숨 헐떡거
린다네 두 번째 가로등 벤치까지 견뎌 흰 구름이 날
응원하는 손짓 쪽 가슴 휑한 마지막 한 바퀴 돌아선
다 끼니 맞춰 다들 복지관 식당이지만 아직도 할멈과
집밥 할아버지 얼마를 버틸 수가 있을까

쇠락하는 시간
그나마 서로는 우산
어느새 서산마루에 걸친 해
살아있어 살려고 움직인다

인생 또한 그렇다
혼잣말로 그냥은 안 죽어
길 따라 오 가는 세상
볕 내리면 따뜻한 바람이다
아직 늦지 않은 할아버지가 아름답다
살아있는 한 움직인다

늦가을

이삼일
더 머물지
한 자리로 뚝 떨어진 기온

트랙터 청년의
깊어 가는 가을걷이
계절을 동그랗게 쌓으며
가슴 아프게 파고드는 며칠을
묵상으로 돌아본다

단풍 지기 전에
만나겠지 벼르다 그만
소중한 자신의 처지를 미루다
후회로 남는 허전한 마음
구름 한 조각 가슴 떠간다

한해가
다시 내려앉는
늦가을에선 농촌 총각

제 3 부

해변의 불빛들

해변의 불빛들

광안대교 불빛들
반짝이는 보석 파노라마
무수한 별빛 은하수 흐른다

동백섬 넘나드는 영롱한 생명
마주한 정원에도 크고 작은 불 밝혀
아롱다롱 나누는 사랑 얘기랑
너 머물다 다가오는 마음의 색깔
빛과 그림자 판타지

대교에서 해운대 해수욕장
뉴저지에서 뉴욕 맨해튼을 연상케 하는
벅찬 가슴 두 팔 벌린 아름다운 도시
스트레스 걱정거리 별것 아닌 듯
멋졌던 머문 자리를 등진다

달맞이 재 돌아드는 불빛
손잡듯 껴안는 빌딩 숲 엘시티
미포 정거장 지난다

달빛 바다

달빛은 바다를
흔들기도 홀리기도
빛은 삶의 틈새를 그린다

부딪쳐 흩어지는
하얀 물거품
마음의 상처를 씻어주지 못해
바다는 그냥 빗살무늬만 새긴다

찰랑이며 홀리지 마
우리가 맘 붙일 시간 있었나
방황하더라도 그리 헤프지는 말아
언제나 작별 인사는 아쉽다
그 미소를 그땐 왜 몰랐을까

흔들고 홀리며
살아가는 달빛 바다
빠져들고 싶을
때가 있다

해변의 밤

지지고
볶았던 뙤약볕

걷기조차
힘든 시간 이미 지나

경쾌하게
때로는 빠르게
현란한 리듬에 들뜬 해변

휩싸여 즐기며
끼리끼리 제멋에
황홀한 헤엄을 친다

지칠 수 없던 사랑
해변의 밤은
열정이다

몽돌

파도가 깎고
바람이 다듬는 몽돌
동그란 염원 바다 장단에 춤춘다

누구나 주문하는
젊은 얼굴로 오래 살고
천년의 생각으로 날 밤새며
고쳐 다듬지만 욕심이 지나치면
안팎으로 힘 빠지는 일

나이 이기는 화장품 없고
세월 이기는 약도 없다는데
다양하게 생긴 얼굴 뜯어봤자
거기가 거기 만족할 리 없는데
바다는 안타까워 돌아눕는다

그대로가 좋아
근심 걱정 없이 나다운
몽돌처럼 매끈매끈 그래 오래 살란다

추도행

통영 여객선터미널 아침 7시
학림도, 저도, 연대도, 만지도, 추도 승객을 승선한
페리호 머물 시간이 쫓기는지 항구를 박차듯 떠난다
객실 얘기들 뱃전까지 세파에 시달린 힘겨운 넋두리
가 은연중 묻어 있다 항구마다 하얀 입김 내뿜으며
뱃머리 돌리자 언제 다시 만날까 아쉬운 섬사람들
인사는 야무지다 아직 삼사십 분 더 가쁜 숨 몰아칠
뱃길 찾아가는 종점 추도*秋島에 닿는다 천혜의 절경
을 깔고 미래의 꿈인 생을 가슴팍에 담아 토출월기土出
月起로 가꾸는 텃밭 선창에 걸린 검푸른 풍경이다 건
너편 겨울 한철 쳐놓은 물 매기 그물 거친 물바람에
부표가 힘겹다

젊은이 떠난 자리에 다시 섬으로 돌아온 조 노인
고깃배 객선 비키면서 새벽 경매가 흡족했는지 찐
한 웃음 금빛 물살을 타고 넘는다
"많이 잡아야지, 가격이 좋아야 하재"
울다 웃는 세상사 다 그렇다 해도
바다는 물때가 있다

언제나 푸르고
여유로운 것도 아닌 한려해상 바닷길
곁에서 멀리까지 아픈 속내를 밀고 당긴다
통영행 뱃고동 소리 마을은 빠른 걸음이다
토요일 오후 2시에 객선 만난다

*경남 통영시 산양읍의 작은 섬, 여객선 뱃길로 약 1시간 20분 거리임

만지도*晩地島

'나의 사랑 되어 주오'
파도를 타고 산 넘어 맺어진 인연
늦게 찾아와 땀 흘려 이룬 땅
만지도晩地圖를 그린다

맑은 물빛 드나드는
둘레길에 널판자 덕장 깔아
다이어트 중인 하얀 고구마
물질하던 아낙네 힘든 하루를
짙푸른 해풍에 말리며

믿지 못해 엉켜
토라진 서운함
가슴으로 느슨히 품고
물거품 풀어 말갛게
아무 일 없는 듯
어루만져 화해한다

한 발 가까이
마음을 치유하는 힐링 섬

바다 내음 저 멀리
발갛게 물들이는 석양
황홀하게 저물어 간다

철 늦은 계절
만색晩色의 만지도

*통영시 산양읍에 있는 섬으로 가장 늦게 주민이 정착한 작은 섬

곁에 있는 여자

예쁘게
예쁘게 가꾸어
예쁘게 생각하는 여자

소녀처럼
아름답게 꿈꾸는
감성이 반짝이는 여자

당당한 믿음
서로를 지켜온
웃음꽃 한 아름 앉고
마음이 편한 즐거운 일상

간간이
손자 손녀 만나
소소한 행복을 느끼며
쉴 새 없이 다듬어
알뜰살뜰 살아간다

별같이 작은 미소
달처럼 밝은 한 사람의 여자

살아갈수록 행복한
당신 곁의 나
아낌없이 사랑하련다

바로 곁에 있는 여자
곁에 있는 여자

유비무환 有備無患

흑색선전이 난무하던 날
주적 나무나라 침략 정보를 받고

솔숲 장병들 병기부터 점검하는데
날카로운 잎은 창이 되어 "이상 없음"
'방패'가 된 용 비늘 껍질은 "병기 이상 무"
방망이를 채운 솔방울은 '총알과 수류탄'
"완벽한 준비 끝"
솔 향기는 '화학무기'로 돌변
"명령만 내려주십시오"
점검, 보고가 끝났다

예상하지 못한 정신 무장
현대화된 장비를 어찌할 수 없어
적장은 "후퇴" "퇴각" 명령만 있을 뿐
제대로 한번 싸워보지 못한 채
서둘러 물러난다

미리 대비하면 불안하지 않고
한순간 긴장도 없었을 것을

힘이 있어야 평화도
우호도 있다

국제사회는 영원한 적도 우방도 없듯
언제나 유비무환 강력한 자주국방
사랑하는 가족을 소중한 나라를
스스로 지킬 수 있다

솔숲 아이들
솔방울 전쟁놀이를 하고 있다

첫사랑

한별이는
케이-팝에서
케이-팝이 첫사랑이란다

왜
그냥 좋아

첫사랑은
이루어지지 않는다고 엄마가 말했어요
탈락 날

그 말이 맞는 것 같다
그냥 그렇다
나도

다시 만난 섬

다시 섬을 찾던 날
파도가 밀려와 한밤을 앓았지만
바람을 헤친 뱃고동 소리 물보라 잇는다
갯바위 마른 볕에 돌미역 말리며
고동 줍던 저도*楮島 아이들
억척스럽게 살아가는 섬사람
부딪쳐 튕겨가는 파도의 아픔처럼 스친다
아가미 움직임이 빨라야 살아남는
가두리 식구들 생존경쟁을 다시 보며
어망 주변 고기 잡을 듯 나름의 헤엄을 치면
선창에 아낙네 톳나물 손질하고
낚싯배 부부는 닻을 당긴다
빠듯하던 살림살이도 아이들 학교 때문에
할 수 없이 젊은이들 시내에서 출퇴근
한 집 건너 노인들끼리 적막하다
내 앞에 없는 아이 보고 싶다
그 시절이 그리운 딱섬

*통영시 산양읍에 위치한 다도해의 작은 섬

생도*生島

태종대 앞바다
바위가 움직인다
섬 언저리 꽃무늬 문양도
어깨선 중앙은 입 벌린 큰 물그릇
신비로운 주전자 물 한 잔 권하고
그 사이 정들었나 깜짝 인사 나누네
살짝 부는 바람 바위섬 흔들린다

어지러워 멈칫해도
부축하거나 도움 없는 기암
꿋꿋한 의지로 말없이 이겨갈 뿐
힘들지 않은 사람 어디 있나
비바람 마주하며 소박하게 살았다
우리네 삶 주전자 닮은
바위섬 살아 움직인다

*태종대 앞바다에 살아 움직이는 바위, 주전자를 닮아 붙여진 작은 바위섬

다릿돌전망대

청사포 다릿돌전망대
한적한 도심의 갯마을 풍경

푸른 물결 떠가는
열다섯 굽이굽이 달맞이
해변 열차 내려 전망대 걸으면
한눈에 들어오는 시원한 바다 풍경
부스러진 파도 가쁜 숨을 몰아쉰다

억척 서른 청사포 어부
이른 새벽부터 한나절 물 칸을 채우고
포구에 어둠살 나직이 내리면
지친 몸으로 내일의 물 때를 기다리고
포구는 햇살 같은 꿈을 꾼다

눈길 머뭇거리는 갯마을
다릿돌전망대에서 수평선 저 멀리로
간절한 사랑을 보낸다

부산갈매기

찬란한 갈맷길 바다
갈매기가 비상하는 높낮이 색이다

끼룩끼룩 파도 소리
들뜬 몸짱 얼짱 전철역 닿자
바쁘게 날 보란 듯 훨훨 해수욕장
제 잘난 맛에 춤추는 갈매기들 무대
해변은 제멋을 즐기는 무대다

한 점 차 저녁 시간 야구장
갈매기들이 펼치는 파도타기 응원
자이언츠 주제가를 목청껏 부른다
의리와 사랑으로 다니는 부산갈매기
쌓인 스트레스 훌훌 털어 버린다

더 높이 더 멀리 펼치는
부산 사람들의 기상과 용맹처럼

야간해수욕장

'달빛수영' 구역
5. 6번 망루에 불이 켜진다

두 팔 벌려 포옹하는 망루
인어들 속삭임도 저물어 찾아
달빛 멀어질세라 텀벙텀벙 뒤엉켜
그대 곁으로 찾아드는 인어들의 환호
하얗게 백사장 달군다

사색思索하는 시간 속에
풋풋한 사랑 목말라하는 젊음도
열대야에 뛰어들지 않고는 견딜 수 없다
열정에 춤추는 달빛수영

달뜨는 해운대의 밤
야간해수욕장에서 즐기는 수영
추억을 새롭게 만든다

삼포 가는 길

갈맷길 문탠로드
미포, 청사포, 구덕포가 삼포로다

영원히 떠도는 마음
잃어버린 고향을 바라며
전설에서 만나 아픔으로 헤어지는
사랑한 사람 벌써 내 곁을 떠났는데
영혼은 달맞이 삼포로 걷는다

허겁지겁 이별하는 인생
어차피 낙엽처럼 그리움만 쌓일 터
지난 세월의 무상함은 죽어서도 걱정
크고 작은 사소한 것까지 꺼내어
마음의 얘기는 삼포로에 묻자

모든 날은 생의 운명
영혼 속에서 돌아보는 명상
달맞이길 걸으며 제자리에 선다

아쉬운 경기

팔은 안으로 굽는다
프로야구 롯데 기아 부산 홈 경기
4대0 앞선 4회 말
원아웃 만루에 4번 타자 들어서자
눈과 귀 핸드폰도 멈췄는데
이 무슨 날벼락
한 30분쯤 지나서 우천으로 경기 취소
누굴 원망하나 일기예보도 날씨 탓
어찌 잡은 모처럼의 기회를 날렸다
경기는 경기로 관람해야 하지만
전철역 가까이서 픽 웃는다
세상은 치열한 경쟁의 무대
정정당당하게
이겼을 때 겸허하고 졌을 때 신사답게
승복하는 스포츠맨
즐기며 견뎌야 할 인내도 관객의 몫
아무튼 야구는 야구다
아쉽다 지금도

낙엽2

자기가 고와
그저 아름답기만 하다가

벌써 작별이라
차라리 웃으며 떠날걸

붉은 미움
못내 아쉬운 안녕

사랑 한번
그리움 하나까지
운명의 끈을 놓고는

처연히 가는
멀고 먼 차가운 자리
휘날리다 서럽다

아직은 단풍이 아쉬운 우리네
낙엽 밟는 소리 들으며
서리꽃 덮는다

행암 산책길

물 맑고 공기 좋아
미세먼지 걱정 없는 울릉도
행암 산책길은 비경을 한눈에
벼랑 골짜기마다 변화무쌍한 풍광
다채롭게 물들인 에메랄드빛
석양이 곱게 내려앉은
심해의 쉼터다

오징어 따개비밥 부지깽이나물
명이 김치에 호박 막걸리
한잔 걸치면 동해를 마신 듯
술밥 간 잘 먹었다

섬은 평화롭고 여유롭기만 한데
괭이갈매기는 오로지 제 영역을 지키고
울릉도 동쪽 외로운 등대
사랑의 불빛을 밝힌다

오륙도*

동, 남해의 경계
조류에 따라 변신하는 등대섬
다섯 여섯 봉우리
동쪽에서 볼 때와 서쪽은 다른 모습
수평선 가까이
수십 척의 무역선 점점이 떠 간다

흉 허물없는 육 남매
조용한 생각들은 숨바꼭질
우린 얼마나 어렵게 사랑해야 하는지
저마다의 사연 수평선 넘어 던지면
사는 보람이 무엇인가 되묻는다

세월의 무상함을 잊은 섬
만나서 나뉘면 다시 좋은 날 올까
유람선 장단에 바위섬 출렁인다

*부산 해운대 앞바다에 있는 섬으로, 방패, 솔, 수리, 송곳, 굴, 등대섬이 썰물 때와 밀물 때, 5개 6개로 변신한다며 붙여진 이름

제4부

덕암산 바라보며

덕암산* 바라보며

해거리 가뭄에도
산안 사람들 덕암산 바라보며
꿋꿋한 끈기로 살아간다

푸른 창에 비친
낡은 문패를 만지다
대물림 가난에 지쳐 고향 떠난 젊은이
낯선 땅 혼자 서러워 힘든 날
가슴에 걸어둔 당신을 껴안고 울고
기쁜 날 마주 앉자 웃었다

애틋한 그 시절
그때마다 시린 눈 떠올려
부끄럼 없는 가마골 사람으로 살고파
세찬 비바람 불어와도 바위처럼
흔들리지 않고 두려워하지 않고
꿋꿋이 짙푸른 가시숲 헤치며
나를 지켜왔다

한세상 참말로 잘 살았다
반기는 고향 산천 그때 좋았는데
어렵던 시절 가고 좋은 인연 떠나네
생각나는 얼굴들이 스쳐 지난다

내 곁 맘 깊은 곳에 누가 있을까
두근두근 내 인생 아무런 말이 없다
언젠가는 아마도 왔던 길을 되찾아
가고 있을 것이다

*경상남도 창녕군 부곡면 거문리 뒷산 545m임.

임해진 강변

임해진* 강둑에 앉으면
강물은 저 혼자 흐르는 게 아니라오

덕암산 계곡물 굽이굽이
온정 천 만나 정겹게 속삭이고
나는 거슬러 오르는 연어처럼
지나온 삶을 진지하게
되돌아보곤 하지

조약돌 주워 저 멀리
물 동그라미 그리던 강가
벼랑바위 홀에 공깃돌 던지던 꿈돌이
시무룩 으쓱할 일 행운도 아닌
속내가 훤히 드러나는 비리 끝 사랑
포근한 우정은 그리움이었다

순진하게 쫓았던 소망
잊어야지 원망하며 정이던 나루터
그 정 못 잊는 네 서러운
초록빛 마음

강 건너간 사람이 그리운 날
정신없이 풀잎 배 만들어 띄웠구나
다시 맞잡을 수 없는 손 잡으려
흐르는 강물 따라 걷는다

강둑에 앉으면
오순도순 추억
저만치 빛났던 우정 그립다
아련한 그 시절 떠 가네

* 창녕군 부곡면 낙동강 변의 작은 마을

고향길 코스모스

수줍음이 웃음이던
가녀린 코스모스 소녀
보고 싶다

신작로 학교길 이곳일까
꽃길에서 여덟 꽃잎 세며
꽂아주던 단발머리 소녀가 마중이다
예쁜 네 마음을 가꾸듯
고향을 지키며 살았네
날씬한 몸매 레깅스 바지 그대로
아름답게 핀 반가운 꽃이다
깊어만 가는 계절을 떠나고 보내며
바람결에 건네는 내 마음
'잘살아라. 코스모스 소녀'
아직도 전하고 싶은 말
행복했으면 좋겠다

잊은 듯 생각나는
고향길 코스모스

우포늪의 한여름

태곳적 신비가 흐르는 비사벌 정원
황소가 벌렁벌렁 물을 마신다

칠월 뙤약볕 마다 않고
수초들은 가장자리에서 사방으로
한발 한 뼘 쉼 없이 초록 궁을 짓는다
가시연꽃 무슨 의례를 치르듯 근엄해도
제 위치가 어떻게 바뀔지 순간을 다투는
한 여름날 절박한 생존의 터다

부리 맞대고 눈 맞추며
서린 깃 풀어 나들이 가던 텃새
메기수염 놀음에 제 몸 던져 제 새끼 감싸는
내리사랑의 애틋한 연출을 본다
텃새로 돌아온 따오기
보일 듯 말듯 여유로운 늪
번뇌를 내려놓는다

노을을 노 저어가는 쪽배
여름날을 흥얼댄다

논두렁 밭두렁

논두렁은 콩
밭두렁에는 호박 심어
맥 깨기 덤불 덮인 두렁 집
이웃끼리 의좋게 지내며 자라라네

꼬투리마다
촘촘히 박힌 콩깍지
덩굴에 매달린 한 아름 누렁 덩이
땀 흘려 일한 만큼의 보람이다

콩같이 호박처럼
크고 작은 둥근 제들의 이야기
준 것보다 얻은 것이 더 많은 사람아
베풀고 감사하며 살아야지

기쁨이나 슬픔도 함께한
논두렁 밭두렁

폭염暴炎 1

체온을 넘나드는
가마솥더위 한 달 가까이
더위 먹었나 제정신이 아니다

빗나간 일기예보
밤낮 구별 못 하는 열대야
리우올림픽 열기가
늘어진 아파트 사람들
설친 잠을 또 깨운다

얼마를 참아야 할까
자연은 애타는 사람의 편
마법 같은 절기가 올해도 먹히겠지
계절의 기후도를 들이댄다

더위도 한풀 꺾인다는 처서處暑
푸서리 길에는
낭창낭창 귀뚜라미 소리들린다

창밖에 내리는 비

먼 곳에 있다던 비
지극히 기다리면 길 잃지 않고
창문을 후드득 뺨 닿듯 마구 때린다

뜰 앞 연못도 굵은 빗방울
푸른 시절의 기억들은 애가 타
빈 둥지 파고들며 내리는 눈물 비다

빨갛게 타는 피붙이
찌들어가는 들녘을 붙잡고
땀이 뒤범벅된 허망한 부자父子

그날에 맺힌 응어리 씻어나 주듯
도랑이 넘치도록
주룩주룩 쏟아붓는다

바삐 논 물꼬 손 보시며
산골은 비가 많아야 풍년이제
하시던 아버지

고향 마을은 푸근한 한나절
아련한 기억들이 나를 울린다
그슬러 가보는 시간
안타깝게도 기다려 주지 않는다

창밖에 내리는 비
내 눈물 내리고
또 내린다

괭이

창고를 정리하다
구석에 낡아 버려진 괭이
깊고 넓게 파헤쳐 세월에 때가 묻은 것
무너진 마음 아물지 않는다
눈물마저 마른 허물어진 자리
끈질기게 몇 번을 일으켜 세우며
다시 세상을 파헤쳐 새롭게 일구자
버거운 말을 건네 보지만
희망마저 힘에 부쳐
한쪽 뾰족한 날이 튀어나온다
발품 팔이 일손 놓고 어떻게 살아
하찮은 그대로 일자리
스산한 바람 한가로운 햇볕이다
그저 낡아 뒤처져 잊혀간 나
조금이라도 살 수 있어서
그나마 고마워할 일이 아닌가
대장간 가는 날
바라는 환생 궁금하다

가을 햇살

마음껏 쬐는
맑고 쨍한 가을 햇볕
아침 햇살 살며시 퍼질 즈음
머무는 시간 와락 가버릴까
그새 찬바람 올까 봐
미세먼지 없는 날
누가 있나 창가를 빤히 보며
그대와 만나는 시간
내 안을 따숩게 채운다
장비나 재료도 없이
그냥 맘껏
비타민 디 보충
빡빡한 삶
그나마 여유롭다
아무에게나
나누고 싶은 사랑
가을 햇살
조급하다

아늑한 집

부산대학교 밀양 캠퍼스
숭진리 뒷산 언덕바지에 아늑한 집

한눈에 짚이는 꽃과 나무
살았던 집에서 이곳 옮겨 왔네
담장 옆으로 시냇물 흐르는 새들의 노래
앞 뒷산 계곡물 담은 가래집 저수지
과수밭이 빤히 내리다 뵈는 텃밭을
집안에 들인 청록빛 정원이다

햇볕 바른 뜰에 앉으면
꽃향기로 피어나는 얼굴들
이웃 친구님네와 차 한잔 나누며
아픔과 기쁨은 한 자락의 쓸쓸한 연민
사랑도 속절없이 오가는 바람이고 물결인걸
한 많아 짧았던 안타까운 그 세월
그리 모질게 살지 않아도 되는 것을
작은 미소로 잊으며 덮는다

보고 싶은 얼굴들이 그리운 집

보리밭

보리밭 두렁길 걸으면
녹색 물결을 타고 내가 일렁인다

보릿고개 한나절에는
풀피리 불던 아이들 때맞춰 찾아
깜부기 뽑아 인디언 먹방 놀이
새카만 얼굴 깜빡깜빡 눈만 내놓고
엿보던 새들이 따라 웃었지

도깨비는 뒤껻에서 뚝딱
보리떡 보리 개떡 만들어놓고
친구들 부르면 와르르 검둥이도
허기 달래주던 착한 방망이 떡
보릿고개 시절 아련하다

보리피리 불며
깜부기 뽑던 개구쟁이
새카만 얼굴들 보고 싶다

무정한 것은 글

"세상에서 가장 무정한 것은 글이다."

늘 보듬고 살아야지
놓으면 뒤돌아보지 않는다
가까이서 더 가깝게 꼭 붙들어라
멀어지면 하루아침에 지금을 잃는다
읽고 쓰는데 게으름을 피우지 말라시던
한 서린 아버지의 가르침이셨다

길을 걷다 새롭거나 관심 글귀는
한 번 더 생각해 보고 손가락으로
써보는 습관 아직 남아 있다
군번, 곱셈구구처럼
익혀 다져진 앎

지키기 쉽고도 어렵다
살아 있는 나와 함께 할
나를 지키는 버팀목 교훈이다
'무정한 것은 글' 이라고

봄꽃

며칠을
못 참아
서둘러보아도
꽃샘추위 가로막아

숨죽여 저만치
물러나는 잔걸음
다시 찬바람 새침 떨다
봄, 봄, 봄이다
제철 제풀에
피고 마는 꽃

가늠할 수 없어
기다림은 미덥지 않아도
기쁜 날에 반가운 소식
가까울수록 향기롭네

설핏 잠들 때 깨운 듯
재우는 봄꽃

아전인수 我田引水

원동 못
마지막 수문 여는 날

안 볼 사람처럼
아재비 동생도 눈 흘겨
고성 삿대질에 뒤엉켜 싸운다

분이 안 풀렸는지
되레 나만 어지러워
죄 없는 막걸리만 퍼마셨는데
해질 들녘은 민망한 듯
물구나무서기였다

자식 같은 나락
두고 볼 수 없어 왈칵
물길이 멀수록 더 애가 타
안하무인으로 고함질렀네

어떻든
제논에 먼저 물대기

영남루

선현들이 즐겼을
풍류와 호연지기가 떠올려지는
용신 조각에 새긴 즐비한 시문 현판
팔작지붕 이 층 누각 밀양강에 우뚝 솟고

대숲 뜰에는 아랑각
낭자의 맺힌 한을 어떻게 하리오
잊을 수 없어도 잊고 지우는 전설
벼랑 끝으로 하얗게 내린다

미리벌 사람들의 애환을
살아가며 겪는 애틋한 사랑도
나를 새긴 깨달음이 참된 기쁨이라
힘들어하며 밝게 부르는 밀양아리랑

애향은 문향으로 꽃 피웠지
대대로 이어나갈 찬란한 보물
영남루를 바라보며

한가위

동그란 추석
감사하며 위로하는
나누고 채워가는 가족 사랑

동산에 뜬 보름달
누구에게나 한 가족이듯
외로움을 느끼거나 소외된 사람
보름달 빛이 시리지 않도록
그 소원 꼭 이뤄졌으면

모자람이나 원망도 없이
웃으며 훤히 달동네 비추네
함께하는 기쁨과 희망이 열린다
풍요와 행운을 빌어주는
한 아름 보름달처럼

"더도 말고 덜도 말고
한가위만 같아라"

내 곁에 가을

단풍꽃 빨갛게
억새꽃 뭉게구름 떠다닌다
찬란히 자신을 물들인 색깔의 계절
멋 몰랐을 학창 시절
한껏 웃다가 울었던 뒷산
하늘 높이 파란색 햇살 따사롭다
가을의 절정 그대는 단풍꽃
눈부시게 아름답다
곧 떠날까, 아쉬운 마음
애틋이 보내는 길목에서 머뭇한다
형형색색 잠깐 가을!
옷깃을 당기듯 손짓하는 구름
귓가에 새소리는 어찌하고
내 안에 좋은 날
가깝고 먼 길 떠나고 있다
내 곁에도 가을

자주 만나자했지

자주 만나
어울려야 안 늙는다
오죽했으면 차마 오늘이
가장 젊은 날이라 했을까
겉으로 강한 척 속은 얼마나 여린지
화려한 모습 어디 가고 혼 술
스트레스 해소는커녕 추하게 몸 뭉갠다
한 잔도 맨날 하던 식 우리 끼리다
개모임* 에서도 시끄럽기는커녕
언제나 하는 대화
색깔과 모양도 없는 것들
떠들어 봤자 그 소리가 거기다
어쩔 수 없을 때는 카톡에서 핑계로
더하고 빼기로 만나고 …
우리도 하릴없이 늙고 있구나
자주 만나야 내가 보인다
우리 자주 만나자

*개띠 고향 친구들 모임

팽나무

창원시
의창구 대산면
북부리 서낭당 푸른 언덕에는
드라마로 유명해진 팽나무 한그루 있다
500살 넘도록 마을의 안녕을 지켜온 노거수
좋은 작가 만나 보호수로 지정받아 이미지가 남다
르다네 대접도 그렇고 어르신이 내어준 친근한 그늘에
앉으면 시간 가는 줄 모르게 포근하다 인간은 얼마나
나 작은 존재인지를 느낀다 애정 있는 쓴소리 가슴
찡하다만 요즈음 많은 사람이 찾아와 몸살 앓아도
낙동강 가로지르는 들녘을 마주하시며 서로 같은
뜻 모아 이해하며 살아야지 외로운 밤이면
인기척
마저 그
립단다
마을의
번영을 기원하는 당산나무
유명세로 뜬 우영우 팽나무 팽나무 한 그루

제 5부
함박눈 꿈이라오

함박눈 꿈이라오

윗녘은 여러 날 눈
행여 창밖에 하얀 꽃
장산도 기척 없는 찬 바람뿐

마른 추위 견디려
시네마에서는 팝콘 눈꽃
그대와 눈밭 걸었던 하얀 추억
하염없이 떠올려 기다리다 저물어
아름 사랑 깨지 않는다

하얗게 덧칠한 도시
비뚤어진 세상 사라지고
거짓 덮을 진실은 기다림이지만
아무렇게나 마음 흔들리지 않으리
함박눈 맞으며 해변 길 걷는다

내년에 함박눈 그려 놓았네
떠오르는 연애소설戀愛小雪 뜨겁다
그대여 함박눈 꿈이라오

억새가 불의 정기를 꽃피운다

화왕산 억새 억새꽃
불의 정기를 꽃 피운다*

억새밭 평원에 불 지펴
풍요로움을 기원하던 보름날
소박한 소망마저 저지른 검붉은 재앙
눈 깜짝 않고 자신의 몫인 것처럼
제 탓으로 마냥 참아 견뎌 온
대견한 삶 애틋한 꽃

아픈 기억 벗고
꿋꿋이 피어나는 억새꽃
그대 보고파 이맘때는 화왕산
간절한 사람은 진실에서 꽃이 피듯
요즘 들어 애태우는 서글픈 황혼
노을마저 발갛게 물들고 있다

억새꽃에는 붉은 향수가 있다
불의 정기를 꽃피운 꽃

*화왕산에서는 오래전부터, 억새풀을 태우던 축제가 있었는데 화
재 참사가 있은 후 중단되었음.

한겨울 풍경

덕암산 맴돌던
난층운*亂層雲 찬바람 몰고 와
그해 겨울은 유난히 눈이 많았다

아이들 좋아라
수북수북 함박눈 내리는 밤
강아지 졸라 눈사람 태어나고
어른들 함께 놀아주던 하얀 마을

사랑방 할아버지
구수한 옛이야기 아이들 귀가 솔깃
홍시 고구마 동치미
야식이 제맛인데

손이 시린 이른 아침
초가집 처마 수정 고드름
정지문 닿을 듯
간간이 비추는 가느다란 볕
뚝뚝 떨어지는 물방울 소리
마당 걷기 조심스럽다

마구간 소 종일 여물 되새김질
닭 모이 쪼면 울타리 틈새로
참새들 끼어든다
해 떨어질 시간까지 썰매 타고
연은 창공을 가른다

눈 내리는
마음 따뜻한 동네
어린 시절 고향 그립다

*비나 눈이 연속 내릴 때 생기는 비층구름

십리대밭 길 걸으며

그늘 바닥을
길게 깔아놓고
여유롭게 쉬다 가렴
댓잎들이 귓가를 간질인다

마디 칸 칸 고자세
한 고집 백년 자란 나무보다 큰 키
공간마다 단단히 높게 높게만 쌓은 풀탑
사각사각 대숲 청정 녹죽 만든다

나이 들어가면서
근심으로 깊어지던 주름살
대숲 지나면 스며드는 음이온이
마음 걱정 다 지우네
오랜만에 얼굴빛이 환하다

대밭에서 만나는
대 쪽같이 청빈했던 선비 정신
옳고 귀하신 말씀을 어디에서나 찾을고

빤한 것을
손바닥 뒤집듯 하는 세상
대숲이 흔들린다

여유롭게 쉬어가라는 대숲
선명하고 분명하셨던 선비님들 되뇌며
울산 십리대밭 걷는다

엄마라서

아무리 농사일이 힘드셔도
초저녁 베틀에 앉으시면
자정을 넘기시던 엄마
자식을 위한 고생이 신 줄도 모르고
엄마라서
그렇게 사시는 줄 알았습니다.

들일 밭일 집안일에 힘드셔도
우리 앞에서는
언제나 흐트러짐 없이
꼿꼿한 자세로 사셨습니다
엄마라서
그렇게 강하게 사시는 줄 알았습니다.

밤이면 아야 아야 앓으시면서도
새벽이면 부엌일에 들일에
쉬실 틈이 없었습니다.
엄마에게는
아픔도 눈물도 없는 줄로만 알았습니다

저만치 세월이 지나, 달그림자 내린 그믐날
인생살이에 지치셨던지
"별빛은 저리 고울까"
"너 아버지 곁에 내별이 앉아있다"하셨습니다
아버지에 대한 그리움을 가슴에만 안으시고는
애달픈 삶을 사셨던 엄마이셨습니다

계절이 아무리 바뀌어도
그 자리에 계실 줄로만 알았습니다
엄마라서 고달프셨던 그 삶을 내려놓으시니

거제서야 흘리는 자식들의 눈물입니다
눈물입니다

해바라기 꽃판

선비 집 담장
해 바라지 해바라기
한낮 불볕더위에 큰 꽃판 여문다

겉 가지 잘라
끝까지 한 송이를
자존심 앞세워
이중성 인간이 싫어
큰 얼굴로 키우던 내 친구

어둠 깨면 제자리
눈부시게 돌아가는 꽃시계
멈출까 두려워 눈 떼지 못하고
오로지 살아줘 행복하다 하던

해바라기 큰 꽃판
그리운 얼굴이 떠오른다
내 귀했던 친구
선비 정신 알알이 박혀있다

삼한사진 三寒四塵

삼일 한파 사일 미세먼지
겨울나기 힘들게 하는 삼한사진

엎친 데 덮친 잿빛 하늘
한파보다 미세먼지
호흡기로 혈관 타고 뇌를 공격한다니
어찌할 수 없는 각박한 심정으로
화생방훈련 중이다

공기청정기도 지쳐
남동풍 언제 부나
비오면 한숨 돌릴까
여름인가 생각하면 겨울
그보다 미세먼지 매서운 한파
심연의 시간 안쓰럽다

오늘도 미세먼지 매우 나쁨
생활 리듬 매우 흐림이다
인생사 매한가지
삼한사진 또 아니던가

아직 살만한 세상

재해든 인재이든
세상은 조용할 날이 없다

수많은 사건 사고 그칠 날이 없다
그러나 세상엔 어둠과 절망만 있는 것은 아니다
감동을 주는 희생과 사랑이 세상을 지탱한다

철로에 떨어진 사람을 구한 한국 청년 유학생
터널 속 유치원생을 구하고 사라진 부산 아저씨
불길 속에서 이웃을 구한 초인종 의인

이 시대를 지탱하는 영웅들이 있다
눈시울 적시며 들리는 박수 소리
자기보다 이웃을 먼저 생각하는
희생이 사랑이 있는 세상

아직은 살만한 세상이다

가슴 찡한 전율
아직은 살만한 세상이다

목단화 牧丹畵

거실 중앙
벽면에 목단화 걸려있다
바늘 하나 꽂을 땅조차 없는
팍팍한 도시 사람들 화폭에라도 담아
부귀공명을 기원한다
듬직한 꽃잎 화려하게 드리운 미인
뜨거운 사랑을 붉게 지핀다
창窓을 넘나들며 채우는 행복한 파일
힘든 일에 마음 아파 눈감지 않고
오직 자신을 진솔히 담은 화폭 속의 목단
거실 뜰에, 그대는 내 안에 핀 꽃이다
고즈넉한 미소로 다가앉아
넌지시 건네는 인사 '편안해'
깨어나면 푸근한 마음 화목한 가정
귀에 익은 숙연한 목소리다
정답게 마주해줘서 고맙다고
감사하다고

행복한 나

행복이란
볼 수 없으나
행복한 사람은 있다

눈뜨면
새로운 아침
사랑하는 당신
마주하며 웃고 있네

해 질 녘
그이 같은 시간 돌아온
상큼한 보금자리

하루 얘기 나누며
즐거운 저녁 식사
정겨운 차 한잔
음률이 흐르고

언제나 손잡고
산책길은 집 근처
굽이굽이 달맞이고개
해수욕장 해변 지나 동백섬
해변열차 인도 따라 청사포

뉘라서 행복은
태산만 하다 했는가
뉘라서
황금이 행복이라 했던가

그리움은 연잎에 앉아

저수지
한 자리에
청순한 연꽃
더없이 바라보는 눈빛
그날처럼 다가온다

수로 가까이 선
외로운 두루미
살며시 왔다가 그냥 지난다

싱그러운 연잎
가만가만 맴돌다 애가 타
동그랗게 굴러가는 작은 물방울
떨어지는 절박함으로 애절하게
연꽃 아씨를 찾는다

낮에 활짝 피었다
밤이면 다소곳이 오그라드는 꽃
기다리다 늘어져 잠이 든다오

그리워 꿈엔들 만날까
녹색 뜰 안을 터잡은 두루미
온 세상을 품은 듯
그날처럼 날아온다

연꽃 씨앗은
천년이 지나도 싹을 틔운다는데
우리 사랑 찾을 날 다시 올까요
당신이 곱게 피는 그날
그리움은 연잎에 앉아…

부모님의 집

열심히 살고 싶어
찾아가는 부모님 집
장지 늪이 영산휴게소 코앞이다

황토 기운 가득한
울타리 틈새로 올리는 술 한잔
누가 왔나 봐 인기척
목침 괴고 사랑마루 주무시던 아버지
마실 나가 동네 소식 전하시던 어머니
돌이냐 '돌이 왔구나' 하시는 듯 들린다

빙긋이 온화한 표정 지으시며
되돌아보지 말고 앞만 보고 걸어
뭔가 부족하면 고개를 저어
언제나 성공만을 바라시는 것은 아닌 듯
매번 그랬던 것처럼
최선을 다하는 모습에
뿌듯해 하신다

마음 달래주듯
'젊어, 아직 할 일 많아'
넌지시 깨우시는 세택世澤
열심히 살고 있다며 찾는 산소
든든한 버팀목으로 저의 부족함을 채우십니다

따뜻한 부모님의 집
가난의 아픔은 지워버리시고
평안하소서 사랑합니다

부모님 뵈러 가는 날
세월의 소중함도 깨닫습니다
도란도란 살아온 그때가 그립습니다

보헤미안 랩소디

가족과 함께한 시간
어릴 때 듣던 노래 영화관이다

'보헤미안 랩소디'
대단한 열풍 관객 천만 명
퀸의 고향 영국을 앞지른 흥행 1위
퀸 음악은 록인데 멜로디는 팝

부모와 자식 세대를 이어준
다 함께 흥행에 감전된
생전에 애창곡 콘서트

쾌적한 영화관에서
부르는 떼창

랩소디 추억에 젖는다
모처럼 행복한 하루

덕담 德談

아들 며느리,
쌍둥이 손녀에게

"예쁘게 키우고
예쁘게 자라라"

할아버지 최고! 참 잘 했어요.

예쁘게,
예.

디딤돌 의인

내 등 딛고 건너라
서둘지 말고 무서워하지 마라
손씨 어르신 업고 개울물 건너던 젊은이다

행여 비바람 물살에
징검다리 넘어가지 않을까
자연스레 연결고리 고정하듯
언제나 흔들림 없이 외로운 자리 지켜
오직 맡은 일에 충실한 사람

누구는 디딤돌이고
누구는 걸림돌이라면
그리운 일상 돌아가기 어렵다
힘든 일 어렵다마다 않고
남을 위한 배려 나를 잊은 의료인

묵묵한 디딤돌 의인
어르신 업고 개울물 건너던 젊은이
세상에 이리 고마운 분 또 있을까

겨울나기2

얼어붙은 창문에
서릿발 흘림체 메시지
몸 떨기 근육운동을 일으킨다

창밖은 깊어진 시름
단단히 겨울 채비로 살아
삼한사온 없이 50년 만에 혹독한 한파
벌써 2주째 우릴 시험하고 있다

얼음판 옆에 자리 깔고
겨우겨우 모질게 견디다가
매섭던 찬바람 맞고
새벽녘 떠나왔는데
그 시절 눈가에 맴돈다

없는 사람이 더 춥다시며
새벽녘 짚단 군불 지피시던 어머니
올 겨울나기 힘들다 잘 견뎌
봄기운 부를 때까지는
하시는 듯하다

인생의 반환점

시작이 있으면 끝이 있다
인생의 반환점은 어딜까 이쯤일까
한참을 지났나 나도 모르는 일
이십 년 전 칠팔십
어느새 기대수명 백세인생
죽기 살기로 살았지 그저 죽을 사람 있을까
소멸과 생성의 반환점은 끊임없이 순환한다
가는 세월 하소연한들 무슨 소용
말이나 걸음도 어눌하니
멈춰달라 끝을 당겨 포기할 수 없는 일
직선 지나 곡선 힘들어도 조금만 더
빨리는 혼자 멀리 가고 싶으면 같이 가세
아등바등 생각은 지금이라도 젊게 바꿔
무한한 우주 세계를 함께 걷자
내가 놓은 디딤돌
네가 헛발질할라 조심하며
인생의 반환점 돌아가고 있다

홀로 벚꽃

제황산 벚꽃
흐드러지게 화들짝 백색 향연
관객 없는 홀로 연출이다

올 때는 올 듯
갈 땐 애태우다가
금방 왔다 가버리나
한눈파는 사이
한가득 아름답다 곧바로 꽃비
한순간에 환희와 절정인 꽃
젖어볼 군항제 올해도 건너뛰네

야단법석 봄날의 꽃
은빛 구름 바람 꽃비야
멋진 하루를 폈다 흩날린다

제6부

여행하며 삽시다

여행하며 삽시다

길을 잃어도
사람을 놓치지 말라 했지

먼 길 가까운 길
네 손 닿는 가시거리 사방
갔든 길 왔든 안심 지역 걸으며
걸음마다 펼쳐보는 해외 지도
한 살 젊을 때 먼 곳부터 여행이네

이것저것 제쳐두고 떠나자
예고 없이 찾는 슬럼프나 우울감
권태기가 닥쳐도 혼란스러움 가볍고
살아가며 쌓아가는 신뢰와 사랑
여행은 당신과 나의 삶을 새롭고
윤택하게 한다

여행은 인생의 나침판
여행하며 삽시다

베르겐

노르웨이 옛 수도 베르겐
영광의 흔적이 그대로 남아 중세 유럽 한자동맹* 의 거점, 무역항으로 북해 청정 바다에서 잡은 생선 집합소, 북극 하늘의 마법 같은 애니메이션 겨울 왕국 유럽의 푸른 눈인 브릭스 빙하 이곳 연어는 신선하고 값도 저렴해서 그들이 먹지 않는 회를 많이 먹었던 기억이 새롭다 이곳 출생 그리그의 민속 노래 솔베이지가 청아淸雅하게 들려온다

피오르** 가는 관문 베르겐
창공을 깊게 내륙 협곡을 가르는 비취색 빙하
쏟아지는 폭포 뭐가 그렇게도 급한지
하늘과 바다를 덮치는 칠색 물보라
푸른 꿈들이 황홀하게 피어난다.
어느 하나 놓칠 수 없는 풍광
피오르 찾아가는 관문

*중세 북해 연안 상권 확장을 위한 도시 사이 연맹
**노르웨이 내륙 깊이 들어간 하구 또는 협곡

베네치아 산마르코 광장

아드리아해* 갯벌의 섬
백향목 버팀목 벗 삼아 세운
고색창연한 물의 도시 베네치아

산마르코 성당을 돋보이게 동서양 기법을 융합하여 회랑回廊으로 구축한 건축물에 사들이거나 전리품을 채운 명품 전시장 살아 숨 쉬는 역사의 공간이 된 산마르코 광장 유명 인사와 문호들이 밤새도록 토론하고 만찬을 즐기는 소리 꽃 피우듯 들리는 폴로리안 카페 고문서와 백 만권의 장서를 소장한 마르차나 도서관은 화려한 로마문화를 창조한 근간이다

연애 세포가 살아 뭇 여인과 사랑을 속삭이던 바람둥이 카사노바도 화려한 그 시절을 못 이겨 뭍으로 달아났지만 나폴레옹은 유럽에서 가장 우아한 응접실을 하늘 마주한 곳에 자신과 걸맞은 집무실을 두었다 광장 사방을 연결하는 운하 프리지오니 감옥을 넘나들 때 모진 비바람이 쏟아 내리듯 탄식 소리 들리는 눈물의 마을을 지나면 수로로 마실 다닌다 바다 택시가 미로를 뚫은 골목 찻집에서 민요를 들으며 향수를 달랜다

지혜로운 조상을 만나
수천 년의 풍요로움을 누리는 민족
가진 자와 이긴 자의 몫이라지만
왠지 쓸쓸함이 ....
 그래도 '계속 오라'
손짓하는 베네치아!

*지중해 북부 이탈리아반도와 발칸반도 사이에 있는 좁고 긴 해역

융프라우* 영봉靈峰

천상을 뚫은 영봉
젊은 처녀가 설원에 누워
황홀하게 펼치는 신비의 풍광
신이 빚어낸 알프스의 보석 융프라우
만년설 빙하가 쌓인 아름다운 고봉高捧
기암절벽 허리 틈새는 물안개 곡예 하듯
알몸을 열었다 닫는다

눈과 마음으로만 보라 하지만
몰아치는 눈바람과 운무로 겹겹이 시야를 덮는다
신은 여기까지만 인간에게 허락하며
번뇌와 허망을 잊으라 한다
불가능하기에 덕담이라고

한여름을 흐르는 빙하 인터라켄 호수
새롭게 호수에 누운 영봉의 영롱한 모습
소유하고 싶도록 손짓하는 자연의 신비
또 다른 비경을 새롭게 느낀다
눈 쌓인 공기, 맛이 다르다

오름길 초원은 야생 꽃 천국
피리 부는 목동 아련히 들리고
양 떼들 풀 뜯기 하염없다

설원에 살고 싶다
다시 찾을 수 있을까
못내 아쉬워 가슴에 각색한
젊은 처녀 융프라우

*스위스 인터라켄지역의 4,158m 최고봉이며 담긴 뜻은 '젊은 처녀'

황혼 여행

멀고
가까운 곳
여행하며 살아

미지의
세상은 아직
낯섦과 호기심

다녀온
곳곳은 필름
되돌아보는 추억
초록빛 사랑 담았다

안타깝던
젊음의 나이테
나이 들어 채우는
아름다운 채색
멋스러운 여행
향기롭다

아름다운 인생
그 시간이 희로애락

황혼에 떠나는 여행
어느 곳 그 날들
아직 설렌다

나이아가라폭포*

나이아가라폭포
범접할 수 없는 암벽꼭대기
천둥소리 와르르 쿵쿵 쏟아지는 폭포
백옥이 부서지는 장엄한 선율이다
눈 뜰 수 없이 물세례 아랑곳하지 않고
한순간 추락하는 세월 되돌리고 싶어
물안개 깊숙이 포효하는 폭포
대자연의 풍광이다

"나이야! 가라"
연륜을 멈추는 폭포
파란만장한 높은 화음 듣는다
'오직 나만을 위해 있어 주오'
사람들 사이에 파묻혀진 전설의 주문
한 번 더 외면 눈에 잡힐 듯
길을 열고 있는 무지개를 본다

*미국과 캐나다 국경을 가로질러 흐르는 세인트로렌스강의 나이아가라폭포 세계에서 가장 아름다운 폭포임

만남

한 가지 생각을
놓칠세라 해 질 녘

왔던 곳 가는 길
나란히 같은 방향 바라며
백양사 입구 지나 벌써 성안 맛집
한 줄 내려선 가로등 저물어 늦은 시간
이만큼 바래다주기 저만큼은 거기
중간 호프 가게 마주 앉는다

매번 만나 못한 말
당신을 만나 행복했습니다
참음이 견뎌 온 진실은 사랑
그 마음 말하지 않아도
내 안의 연 서로는 등불이다

고마워요. 잘 살아요
이왕 만났으니 더한 사랑을
별빛 쏟아지는 가을밤 싱그럽다

역마살 驛馬煞

자주 옮겨 살다 보니
"저 친구 역마살 끼었군"
아무튼 떠돌아다니는 팔자라니까

사주 운명이 좋든 나쁘든
어쩔 수 없이 알고 모른 척 그러려니 하고
분주하게 곧이곧대로 살아온 한세상
사방팔방 하도 많이 돌아다닌 떠돌이
흘러가는 구름 날아가는 새만 보아도
가만있지를 못하고 홀린 듯 멍
어디론가 떠나고 싶다
발에는 바퀴
팔에는 날개 돋았다
생각 닿는 곳 이미 와 있네

공항 터미널은 연일 북새통
말은 차가 되고 비행기를 탄다
다들 역마살 끼었다

뭣 모른다

제 허물은
보지 못하고 남 탓부터
철면피로 수단과 방법도 없이
느닷없이 늘어놓는 엉뚱한 괴변
왜곡된 허구를 그럴듯하게 짜맞추어
진실이라 믿도록 포장한다 아니면 그뿐
내 편 네 편 갈라 헷갈리게
생각 없이 늘어놓는다
거짓과 위선을 둘러선 얼룩진 세상
거꾸로 가는 것 같아 어지럽다
오백 년 된 소나무는 제자리
백년 살기 힘든 사람은 멋대로 다닌다
제자리에서 살래 움직이며 살까
제 맘대로 조작 해석한 이분법 사유
금방 들통날 일을 시끄럽게 만들어
죄 감춘 놈이 큰소리치는 세상
뭣도 모른다며

코린토스 운하*

노예들 울부짖음 들리는
7세기쯤 시작 19세기 완공된
운하 물류와 선박 수륙양용으로 융성하였으나
천하 시운이 사자망고獅子望庫로
지금은 관광 운하 유적지다

바다가 강처럼 비스듬히 올라가는 물길 착각처럼 바닷물이 몰려온다 강렬한 햇빛에 시달린 지중해 수직 길목 언저리는 에메랄드 속살 하늘 닿을 듯 경이롭다 신비롭게 만나는 아크로 성벽 여기저기 흩어져 신화의 잔영이 수면에 닿을 듯 로마가 파괴하고 부활시킨 코린토스 고대 신화의 도시 그리스 어느 나라든 가난해지면 자랑스러운 자신들의 역사나 유적 문화도 지키기 어렵다

코린토스의 아픔도
구구ㅈㅅ한 신화의 풍광이다

*그리스 코린토스만과 에게해의 사로니 코스만을 연결하는 로마 아테네로 350km를 단축한 세계 3대 운하임

청송 靑松

건강, 사랑도 힐링
해를 거르지 않고 벌써 20년
꼭두방재 산마루 돌아간다

산을 꿰뚫은 기암 혈 바위
굽이굽이 흐르는 신비로운 계곡
한순간을 껴안아 찬란히 떨어지는 폭포
용틀임 기운 받아 찬란한 아우성
핸드폰이 덩달아 요란하다

물길 따라 솔 기운
다소곳이 마시는 공기 마음도 펑
가벼운 발걸음 벌써 내원 분교장 分敎場
별자리 판에는 수목 秀木들 청청
흐뭇한 미소가 청송을 느낀다

살아갈 날도 푸른 소나무
사랑하며 건강하게 살고 싶어라
사람들은 젊어지고 있다

낙엽1

바람 차
저물어가는 나
만나지나 말 것을

바뀌는 계절
앳된 사랑 어찌할까
아쉬운 후회 눈시울 젖네

꽃필 한창일 때는
아는 듯 말 듯 지는 줄 몰라
맘고생 않고 살아온 사람 없다
멋지게 살았으면 됐지

애잔한 꽃
어디로 가는지
낙엽은 바람 따라

코로나19

눈뜨면 눈덩이처럼
수백 명씩 불어나는 확진자
둑이 터졌어, 벌써 팔천 명을 훨씬 넘었다
마그마처럼 들끓는 인재지변人災地變
늘 시끄럽던 운동장 더구나 아이들 없는 학교
감염되면 다들 죽어 처음 겪는 일이라
집안에 삼식이 살아남기 힘들다
어제 며칠이 한 달이고 일 년 같아
뭔가 빠졌나 달력 넘겨보지만
얼굴 한번 보자던 모임도 이따가
일주일 기다려야 마스크 몇 장
그나마 버티게 한 미스터트롯 고맙다
기막힌 코로나 세상 언제 끝날까
그리운 일상으로 돌아가고 싶다
마스크 벗는 날

겨울나기 1

육십 년 만에 처음
부산이 두 자리 영하
창밖 거리는 완전무장이다

잘하는 일 생각하며 힘내
내가 잘하는 일에 땀이 흠뻑
하고 싶을 때 일이랑 즐거운데
제 옷 벗은 화단 식구들 안 서럽다

모질게 버티는
잔디밭 클로버처럼
힘든 날은 그러려니 하고 견뎌
철 따라 추우니까 겨울이지

동백꽃도
어려운 사람이 더 춥다며
힘내라고 겨울 끝까지 핀다

외로운 날

외로운 날은
아무 때나 그냥

어디로 가지
기다리는 사람
마중 올까 흘날리며

매미 노래를
운다고 괜히 뒤숭숭
두런두런 멍하네

나는 할 일 없이
그냥 왔다 갔다

푸른 바다
쓸쓸히 건너
조각배 띄운다

소나무가 힘들어

맑은 날
우산까지 씌워
더운 날 바람 마저 막아
활엽수가 수목秀木 자리 넘본다

재선충 덮친 곳
건장한 체구들이 붉게 물들고
이곳 찾아올? 대문 잠그고 지켜
주변은 온통 초록색 공동묘지

잡목 강산 두려워
참다 견디지 못한 솔 선비들
절개와 지조 홀랑 던지고
창공을 빨갛게 외친다

힘들어하는 수목
네가 보듬어 지키리
솔 기운 제자리 찾는다

세모 歲暮

사그라지는
그믐은 절망이 아니다
수평선 넘어서 찬란한 태양

시작에서 끝까지
쉽게 찾아갈 듯해도
돌아보면 다사다난했던 한 해

언제인가부터 힘부쳐
지난 생각이 많아진 나이테
굶주린 진실과 경솔하던 후회랑
사랑할수록 미워한다면서
한숨짓다 웃기만 한다

밤새워 맞는 새해
뭘 두고 가나 왠지 쓸쓸하다

스핑크스

5천여 년 동안
묵묵히 파라오*를 지키는
인간의 머리와 사자의 몸인 괴수
거대한 한 덩어리 암석을 통째로 깎아
지혜와 용맹이 돋보이게 만든 걸작품이다
신의 부활을 기원하여 능력자를 닮고자
동쪽을 지긋이 바라는 충직한 지킴이
사막바람 거칠어도 흔들림 없이 막아선다
이집트 나일강 동쪽은 산자
서쪽은 망자를 배려한 정원과 연못
생전같이 자연을 읊으며 세월을 낚는다
가문이나 가족묘는 묘비석
여러 모습의 지킴들이 있다
생사를 드나들며 영원할 것만 같은 영혼
피라미드를 지키는 믿음직한 스핑크스
화려한 눈빛으로 우리를 맞는다

*고대 이집트의 최고 통치자, 살아있는 신으로 추앙받았던 존재임

| 시해설 |

하 상 규
문학박사, 시인

 먼저 초석草石 장희우張熙宇 시인의 시집 '당신의 시간 통장' 출간을 축하드린다.
 초석 시인은, '당신의 시간 통장'이라는 이 한 권의 시집에 자신의 삶, 자신의 인생, 자신의 정신, 자신 모두를 감춤 없이 담아내고 있다.
 실로 아름다운 삶이다. 예사롭지 않은 삶이고, 격이 있는 삶이다. 그래서 공감이 있고, 감동이 있고, 사색하게 하고 슬퍼하게 하고 위로를 얻고, 아름다움을 누리게 하는 시이다.
 시인과의 연은, 필자가 부산공무원연금공단 아카데미에서 시행한 '시詩 창작법' 강좌를 초석 시인이 수강하면서부터이다. 이어서 수강하신 분들이 결성한 시 창작 동인회 '길'에서 초석 시인은 동인으로 활동하시고, 필자는 지도교수로 활동하면서 십수 년간 연을 이어왔다.
 이렇게 긴 기간 동안 시라는 장에서 만남을 이어오면서, 시인의 성품과 창작 열의와 삶의 모습을 다소나마 접할 수 있었다. 시인은 일생을 교직에 봉직해 오신 교육자로서 정년퇴임을 하신 분이시다. 시인은 학구적인 분이시고 삶을 적극적이고 충실하게 사시는 분이시라 제2 인생을 가꾸기 위해서 시인의 길을 택하셨다. 그래서 시를 학습하려고 학습의 장을 찾아오신 분이셨다.

시인은 원래 성정이 고우시고, 다정다감한 감성을 지니시고, 세심한 관찰력을 지니신 분이시다, 아울러 경륜과 덕이 넓고 높으신 분이셨으므로, 시인이 될 품성과 능력을 갖추신 분이셨다. 그리고 일생을 교직에서 어린이들과 어울려 살아오셨으므로 순수하고 따뜻한 감성을 지녀오신 분이셨다.

그리고 이미 오랜 세월 동안 시심을 가꾸어오셨고, 간간이 시를 써오신 분이셨다. 이제 그런 시인으로서의 성정과 바탕을 기초로 하여 시 창작법을 학습하고 동인 활동을 십수 년간 열심히 해오심으로써, 이제 시인으로서의 자신만의 경지에 이른 시인이시다. 그러면서도 계속해서 겸손하게 이론과 방법론을 학습해 가면서 자신의 시를 더욱 살찌우고자 노력하고 계신 분이시다.

시인들의 시를 특성상 곧 정서상 표현상 내용상 창작태도상 목적상 등의 여러 기준에 따라 구분할 수 있을 것이다.

이런 면으로, 초석 장희우 시인의 시를 살펴보면, 시인의 시는 고운 정서의 표현을 중히 여긴 순수 서정시이다. 표현 기교 상으로 보면 다양한 표현기법들을 동원해서 시적 형태를 갖추고 있기도 하지만, 아름다운 리듬을 소중하게 여기고, 1차적 상상을 압축된 형식으로 간결하게 직서적으로 표현한 시들이 많다. 요즈음 유행처럼 보이는 난해한 시가 아니라, 적절한 시적 장치를 구사하면서도 리듬감 있고 고운 정서를 담은 읽혀지는 시라고 하겠다. 그래서 음미하는 시 생각하는 시가 아니라 느끼는 시라고 하겠다.

  시인의 시를 시작 태도로 살펴보면, 예외는 있지만 쓰는 시 만들어가는 시가 아니라 쓰여지는 시 토로하는 시라고 하겠다.

  시인의 시를 우선 정서적인 면에서 살펴보면 그리움을 노래한 시가 많다. 그리움은 어쩌면 초석 시인의 시를 관통하는 대표적인 정서라고도 할 것이다. 그리움의 정서는 인류 공통의 보편적 정서라고도 할 것이다.
  초석 시인의 그리움은 고향에 대한 그리움, 어린 시절에 대한 그리움, 임에 대한 그리움, 부모님에 대한 그리움들이다.

새벽일까
늦은 아침
봄비가 늦잠이네

말랐던 대지
깊이 자리 잡고
씨앗 내려

고조 곤히 보듬는 봄비
고향 들녘 일깨운다

비 맞으며
한참을 네 생각 하고 걷네
비 오는 날은 더 그리워
푸른 시절 떠오른다

잊지 못해 에둘러
봄비 내린다   <봄비 내리는 날>

초석 시인의 고향이 창녕인 것은 시인의 시를 읽고 알았다. 그리고 밀양에서 중학 시절을 보냈다. 아름다운 고장이다. 가난하고 힘들게 살고 자랐어도 객지에서 사는 사람, 나이 든 사람에게는 나고 자란 그곳과 함께 나고 자랐던 사람들이 그리운 법이다.

봄비만 내려도 어린 시절이 생각나고 고향 들녘이 생각나기 마련이다. 이를 잊지 못하는 시인의 정서를 간결하면서도 곡진하게 표현하는 시들이 적지 않다.

친구야
그땐 먹고 싶고
가지고 싶은 것 많았지
있으면 있는 것 없으면 없이 살아
언제나 마음만은 행복했잖아

-하략-

친구야
추억이 부르잖아,
조약돌 주어 물수제비 그리자는 임해진
덕암산 아래 원동 못은 소풍 갔던 곳
멱감던 개울에서 발 한번 담가보자
소소한 즐거움 잔잔히 떠오른다

보시게 친구
간간이 안부를
가끔 걱정은 부디 아프지 않았으면
영원한 벗 나의 고향 친구
고향 친구   <고향 친구>

시의 제목처럼 어린 시절에 같이 나고 자란 친구들을 그리워하고, 어울렸던 어린 시절의 일들을 그리워하고 있다. 어쩌면 평범한 정서일 수 있는 정서라고도 할 것이나, 시인의 표현력과 리듬이 시를 살리고 있다.

- 상략 -

우리네 사연 싣고
기다리던 마음 고달픈 사랑도
학포 나룻배 강물을 가로지른다

다들 떠난 강가
마중 나왔던 자리마저 지운 나루터
흐르는 강물은 지금도 그대론데
그저 멀어만 가는 강변
그렇게 흐르는 야속한 세월
잊혀만 가고 있네

저무는 나루터에 앉아
본체만체 흐르기만 하는 강물을 본다   <학포 나룻배>

  추억이 깃든 나루터를 찾아 젊은 시절에 근무한 고향 학교를 회상하며 그리움을 노래하고 있다. 1차적 상상이다. 워즈워스는 "과거는 아름답다. 과거를 회상하는 것이 시이다."라고 하면서 과거 회상을 시의 주요 소재요 정서라고 강조하였다. 시인도 정년에 이른 분이고 보니, 고향 산천과 고향 사람 고향 친구를 그리워하는 시들이 많다. 고요하고 포근한 정서를 주는 시들이다.
  그럴 뿐만 아니라 부모님에 대한 그리움을 노래한 시들도 있다.

열심히 살고 싶어
찾아가는 부모님 집
장지 늪이 영산휴게소 코앞이다

황토 기운 가득한
울타리 틈새로 올리는 술 한잔
누가 왔나 봐 인기척
목침 괴고 사랑마루 주무시던 아버지
마실 나가 동네 소식 전하시던 어머니
돌이냐 '돌이 왔구나' 하시는 듯 들린다

-중략-

따뜻한 부모님의 집
가난의 아픔은 지워버리시고
평안하소서 사랑합니다

부모님 뵈러 가는 날
세월의 소중함도 깨닫습니다
도란도란 살아온 그때가 그립습니다   <부모님의 집>

 이 시 외에 어머님을 그리워하는 시 "엄마라서"와 아버님을 그리워하는 시 "무정한 것은 글"이라는 시들도 시인이 아버님 어머님을 그리워하는 고운 심성이 잘 표현된 시들이 있다. 시인의 효성이 극진함을 본다.
 또한 초석 시인은 일생 동안 알뜰한 삶, 충실한 삶을 살아온 시인이다. 이러한 시인의 삶과 정신을 보여주는 시들을 많이 볼 수 있다.

공짜 없는 세상
믿을 것이란 자신뿐
시간은 아무에게 기다려 주지 않는다

헛됨 없는 일분일초
적당히는 내 시간이 아니지
신념 하나로 싱그러운 젊음을
쉼 없이 앞만 보고 일해온 나날
벅찬 기대는 먼 훗날에 견뎌 왔다

바쁘게 살아온 당신에게
소중한 시간을 일깨우는 버팀목
못다 한 것 새로움 그냥 지날까 봐
눈부신 하루도 여유롭게 살아야
몸이나 마음이 덜 늙는다

그지없이 은혜롭게 살아가는
멋진 당신의 시간 통장
나이 든 이 시간 통장
잔고는 얼마인가?   <당신의 시간 통장>

초석 시인의 삶의 자세와 인생관을 보여주는 시이다. 이 시집의 제목으로 내세운 표제 시이다. 삶을 충실하게 살라는 교훈적인 시이다. 이런 시는 표현하기가 쉽지 않고, 어쩌면 진부하고 따분하다고 느껴질 수도 있는 정서이다. 함축적이고 상징적인 "시간 통장"이나 "잔고"와 같은 시어의 창조가 없었다면, 어쩌면 독자들은 진부하고 따분하다고 느낄 수도 있었을 것이다. 그러나 이런 "시간 통장"이나 "잔고"와 같은 시어가 이 시를 살리고 있다.

  또한 시인은, 충실한 삶을 살아오신 분답게, 장년을 넘어 노년에 이른 시인이지만 젊게 사시는 분이다.

문전옥답 놀이터
논배미 넘나드는 개구쟁이
국경선 "침범하기만 해봐라"
전답 지키지 못해 시무룩한 얼굴

지금 책상은
국경선 경계도 없네
떠난 고래 새우와 어울려
어르신들 젊은이처럼 생활하고 싶다

논배미 책상은 컴퓨터
모니터 정보화 공부방
손자들과 카톡 주고받는다

새롭게 도전하는 늦깎이
아직은 생각할 수 있어 청춘
그 시절 못했던 배움이 즐겁다   <아직은 청춘>

노년에 이르러서도 쉬지 않고 배움의 끈을 놓지 않고, 전자기기를 배우고 활용하는 모습에서 시인의 건강하고 충실한 삶의 태도를 엿볼 수 있다.
　"야간해수욕장" 같은 시에서도 노시인이면서도 젊고 역동적으로 살아가는 시인의 삶이 보인다. 시인은 이렇게 삶을 건강하고 활기차고 충실하게 살아가고 있지만, 이런 건강한 삶을 잃지 않고 살아가려는 노력과 의지를 다지는 모습을 보인 시들도 있다. "바삐따", "살아있는 한 움직인다." 와 같은 시들이 그것이다.
　그러나 강하고 젊고 활기차고 충실하게 살아가는 시인이지만, 노년에 이른 시인인지라 노년의 허무와 상실감을 전적으로 외면할 수는 없는 듯하다.

자기가 고와
그저 아름답기만 하다가

벌써 작별이라
차라리 웃으며 떠날걸

붉은 미움
못내 아쉬운 안녕

사랑 한번
그리움 하나까지
운명의 끈을 놓고는

처연히 가는
멀고 먼 차가운 자리
휘날리다 서럽다

아직은 단풍이 아쉬운 우리네
낙엽 밟는 소리 들으며
서리꽃 덮는다   <낙엽2>

지는 가을 낙엽이 예사롭게 아름답게만 보이는 나이가 아니다. 낙엽이 서럽고 아쉬운 시인이다. 인지상정이다.

갈맷길 문탠로드
미포, 청사포, 구덕포가 삼포로다

영원히 떠도는 마음
잃어버린 고향을 바라며
전설에서 만나 아픔으로 헤어지는
사랑한 사람 벌써 내 곁을 떠났는데
영혼은 달맞이 삼포로 걷는다

허겁지겁 이별하는 인생
어차피 낙엽처럼 그리움만 쌓일 터
지난 세월의 무상함은 살아서도 걱정
크고 작은 사소한 것까지 꺼내어

마음의 얘기는 삼포로에 묻자

모든 날은 생의 운명
영혼 속에서 돌아보는 명상
달맞이길 걸으며 제자리에 선다 <삼포 가는 길>

노년의 무상함 상실감 허무이다. 힘차게 살아온 삶을 되돌아보면서, 주위 분들이 연을 다하고 흩어져가고, 왔던 인생길을 되돌아 가야 할 시간이 다가오는 상실감을 담담하게 받아들이고 있다. "덕암산 바라보며", "세모", "자주 만나자고 했지" "외로운 날" 등의 시도 시인의 심경을 숨기지 못한 시들이다.

그러나 시인은 노년의 상실감으로 우울해 하기만 하는 시인은 아니다. 건강하고 충실한 삶을 살아가고 이를 노래하는 시인의 삶은 행복하다.

행복이란
볼 수 없으나
행복한 사람은 있다

눈뜨면
새로운 아침
사랑하는 당신
마주하며 웃고 있네

해 질 녘
그이 같은 시간 돌아온
상큼한 보금자리

하루 얘기 나누며
즐거운 저녁 식사
정겨운 차 한잔
음률이 흐르고

언제나 손잡고
산책길은 집 근처
굽이굽이 달맞이고개
해수욕장 해변 지나 동백섬
해변열차 인도 따라 청사포

뉘라서 행복은
태산만 하다 했는가
뉘라서
황금이 행복이라 했던가   <행복한 나>

시인의 일상과 삶은 축복이고 행복이다. 건강한 삶이다.

  초석 시인의 시에 보이는 또 다른 특색은, 시에 어린이와 같은 다정다감함과 순수함이 있다는 것이다.

며칠을
못 참아
서둘러보아도
꽃샘추위 가로막아

숨죽여 저만치
물러나는 잔걸음
다시 찬바람 새침 떨다
봄, 봄, 봄이다
제철 제풀에
피고 마는 꽃

가늠할 수 없어
기다림은 미덥지 않아도
기쁜 날에 반가운 소식
가까울수록 향기롭네

설핏 잠들 때 깨운 듯
재우는 봄꽃   <봄꽃>

   봄을 기다리는 마음 봄을 맞는 기쁨을 '봄, 봄, 봄이다' '기쁜 날에 반가운 소식'이라 표현하고 있다. 서정적 자아는 노년이 아니라 동심이다. 시인의 시는 많은 시가 어린이 같은 순수하고 섬세하며 다정다감한 시들이 많다. 연세 든 어린 시인의 시이다.

또한 초석 시인은 활동적이고 역동적인 삶을 사신 분이라 지역, 국내, 해외에 여행을 많이 한 시인임을 알 수 있다. 초석 시인의 시에는 고향이나 거주하는 인근 지역을 찾아 보고 관찰한 시가 많고, 국내 명승지를 찾아보고 관찰한 묘사적인 시도 많으며, 특히 해외여행을 많이 하고 여행지의 정경을 묘사하고 감회를 노래한 시들이 많다.

멈춰 선 스카이캡슐
마지막 해변열차도 떠난 시간
머문 자리 붐비던 광장을 돌아본다

- 중략-

아쉬움인가 서운함인가
손님은 벌써 가고 없는데
매표소 일 이층 내 집 되짚으면
별들은 빌딩 숲에 내려앉는다

시간표대로 바쁜
미포 정거장
기다리는 시간은 쓸쓸하다   <정거장>

거주하는 인근 지역을 찾아 보고 관찰한 시이다. 평소에 활발하게 활동하신 분이라서 보고 듣는 것이 많다 하더라도 이것을 글로 잘 표현하기란 쉽지 않은 일이다. 더구나 이를 묘사하고 압축해서 시로 남긴다는 것은 더더욱 쉬운 일이 아니다. 그러함에도 시인은 생활 주변에서 접한 사소한 것도 예사롭게 보아넘기지 않고, 예술로 승화해 놓는 능력을 가진 분이다.

'나의 사랑 되어 주오'
파도를 타고 산 넘어 맺어진 인연
늦게 찾아와 땀 흘려 이룬 땅
만지도晩地圖를 그린다

맑은 물빛 드나드는
둘레길에 널판자 덕장 깔아
다이어트 중인 하얀 고구마
물질하던 아낙네 힘든 하루를
짙푸른 해풍에 말리며

믿지 못해 엉켜
토라진 서운함
가슴으로 느슨히 품고
물거품 풀어 말갛게
아무 일 없는 듯
어루만져 화해한다

한 발 가까이
마음을 치유하는 힐링 섬

바다 내음 저 멀리
발갛게 물들이는 석양
황홀하게 저물어 간다

철 늦은 계절
만색晩色의 만지도　　　　　　　　　<만지도晩地島>

　만지도라는 섬을 여행하고 쓴 시이다. 국내 명승지를 찾아보고 쓴 기행 시가 많다. 여행지에서의 견문들을 능란하게 묘사하고 표현하는 역량이 예사롭지 않다.

　노르웨이 옛 수도 베르겐
　영광의 흔적이 그대로 남아 중세 유럽 한자동맹* 의 거점, 무역항으로 북해 청정바다에서 잡은 생선 집합소, 북극 하늘의 마법 같은 애니메이션 겨울 왕국 유럽의 푸른 눈인 브릭스 빙하 이곳 연어는 신선하고 값도 저렴해서 그들이 먹지 않는 회를 많이 먹었던 기억이새롭다. 이곳 출생 그리그의 민속 노래 솔베이지가 청아淸雅하게 들려온다

　피오르 가는 관문 베르겐
　창공을 깊게 내륙 협곡을 가르는 비취색 빙하
　쏟아지는 폭포 뭐가 그렇게도 급한지

하늘과 바다를 덮치는 칠색 물보라
푸른 꿈들이 황홀하게 피어난다.
어느 하나 놓칠 수 없는 풍광
피오르 찾아가는 관문   <베르겐>

  세계 여행지를 소재로 한 많은 시들 중 노르웨이의 옛 수도인 베르겐을 여행하고 쓴 시이다. 초석 시인의 시 세계는 생활 주변의 사소한 소재를 시로 승화하여 미를 부여하는가 하면, 해외여행을 많이 해서 여행지의 정경을 묘사하고 감회를 노래한 시들이 특히 많다. 시의 세상이 넓고 깊다.

  아울러 풍부한 경륜에서 우러난 사회 교육적인 교훈을 주는 시들도 더러 보인다, "구절초의 소망"에서는 시인의 정직하고 진솔한 성품을 읽을 수 있고, "발바닥", "늦가을", "아직 살만한 세상" 등의 시를 보면 날카로운 사회 비판적 정서를 힘차게 표출하고 있음도 본다.

  다음으로 초석 시의 표현상의 특성을 살펴본다.
  초석 시인의 시는 간간이 산문시 같은 시들이 있지만 간결한 표현으로 함축성을 높이려 했고, 음악성을 중히 여겨서 리듬감 있는 시어를 구사하고 있다.

아직
찬 바람
얼굴 시린데

저만치서 머뭇
겨우 은빛 온기 잡아
얼음물 머금고

스멀스멀
한 발 한 발 곁으로
바삐 안부 전하는 매화
언제 봄소식 전하다
우체통 앞이다

반가운
그대 편지
얼른 달려가는
봄기운 아른하다   <봄은 스멀스멀>

  이 시 외의 시들도 시어가 간결하고 리듬감 있는 시어를 구사하고 3 · 4조 7 · 5조 등 음수율, 음보율을 고려하기도 하고, "스멀스멀" 처럼 의태어나 의성어를 구사하는 등으로 리듬을 중시함으로써, 대부분의 시들이 음악성이 높다.
  시의 4요소를 의미성, 음악성, 회화성, 정서라고 하는

데, 현대시의 여러 특성 중의 하나가 회화성을 중시한다는 것이다. 회화성은 비유나 상징적 표현을 많이 함으로써 얻어지는 것이다. 곧 의미나 정서를 직접적으로 서술하기(직서기실直書其實)보다 묘사를 중시하고 이미지를 중시하는 표현이다.

초석 시인의 시는 대단히 정서성이 높은 시들이다. 그럼에도 많은 시들이 이미지를 중히 여겨 회화성을 높이고 함축성을 높인 시들이 많다.

윗녘은 여러 날 눈
행여 창밖에 하얀 꽃
장산도 기척 없는 찬 바람뿐

마른 추위 견디려
시네마에서는 팝콘 눈꽃
그대와 눈밭 걸었던 하얀 추억
하염없이 떠올려 기다리다 저물어
아름 사랑 깨지 않는다

하얗게 덧칠한 도시
비뚤어진 세상 사라지고
거짓 덮을 진실은 기다림이지만
아무렇게나 마음 흔들리지 않으리
함박눈 맞으며 해변 길 걷는다

내년에 함박눈 그려 놓았네
　　떠오르는 연애소설戀愛小雪 뜨겁다
　　그대여 함박눈 꿈이라오　　　　　　＜함박눈 꿈이라오＞

　이 시에서 "하얀 추억", "함박눈"은 툭툭 던져진 이미지들이다. 이런 이미지들의 함축성으로 인해 시에 애매성을 높이고 있다.

　　달빛은 바다를
　　흔들기도 홀리기도
　　빛은 삶의 틈새를 그린다

　　부딪쳐 흩어지는
　　하얀 물거품
　　마음의 상처를 씻어주지 못해
　　바다는 그냥 빗살무늬만 새긴다

　　찰랑이며 홀리지 마
　　우리가 맘 붙일 시간 있었나
　　방황하더라도 그리 헤프지는 말아
　　언제나 작별 인사는 아쉽다
　　그 미소를 그땐 왜 몰랐을까

　　흔들고 홀리며
　　살아가는 달빛 바다
　　빠져들고 싶을

때가 있다   <달빛 바다>

　시인의 정서가 쉽게 드러나지 않고 있다. 던져진 이미지들로 느껴질 따름이다. 이미지들이 함축성과 애매성을 높이고 있다.

　저수지
　한 자리에
　청순한 연꽃
　더없이 바라보는 눈빛
　그날처럼 다가온다

　수로 가까이 선
　외로운 두루미
　살며시 왔다가 그냥 지난다

　싱그러운 연잎
　가만가만 맴돌다 애가 타
　동그랗게 굴러가는 작은 물방울
　떨어지는 절박함으로 애절하게
　연꽃 아씨를 찾는다

　- 하략 -   <그리움은 연잎에 앉아>

　묘사적인 시이다. 서정적 자아의 정서가 겉으로 드러

나지 않는다. 시인의 그리운 심정을 드러내어서 노래하지 않고, 연꽃과 연꽃에 날아드는 두루미와 물방울을 노래하고 있을 뿐이다. 이들을 객관적 상관물이라고 한다. 이런 표현을 의식한 시들이 적지 않다.

초석 시인은 자신의 정서를 가급적 직서直書하지 않고, 여러 표현기법으로 암시하려고 했다. 시인의 시는, 생활 주변에서 접하는 사물이나 국내 여행지에서 본 견문이나 해외에서 접한 경관 등을, 격한 감정을 토로해서 직접 서술하기보다 객관적으로 묘사하려고 노력했다. 이것이, 진부하다고 여겨질 수 있는 시에, 생명을 부여하고 신선함을 더하고 있다. 앞에서 소개한 여행지 묘사 시들 과 함께 "다시 만난 섬", "생도", "행암 산책길", "청송", "호야꽃", "해변의 불꽃", "정거장", "베네치아", "산마르코 광장", "황혼 여행"을 비롯한 세계 여행지 여러 곳을 노래한 시들이 이러하다.

이뿐 아니라 시의 구조(구성 형식)에서도 다양한 변화를 모색하고 있기도 하다.

친구야
지금까지 살아온
우리 사이 좋아
이대로 지네

빠지지
삐지지도
따지지도 말고
빠 삐 따

당신아
나이 들어도
더 나이 들어도
우리 **빠 삐 따**로 살아!

빠, 삐, 따.   <빠삐따>

    글자의 크기와 서체를 달리 포기하고 글자 사이에 쉼표를 넣는 등 시의 형태에 시각적 변화를 주는 형태론적 표기를 하고 있다. 이뿐 아니라 '팽나무'라는 시는 산문시라고 할 시어와 시행들을 큰 나무 모양으로 배열하는 시각적 효과를 노리고 있기도 하다. 발전을 위한 시인의 도전이기도 하다.

    초석 장희우 시인은 일생을 높은 덕德으로 살아온 인품 높은 시인이다. 표제 시 '당신의 시간 통장'을 시집 제목으로 선정할 만큼 삶을 충실하게 살아온 시인이다. 필립 시드니는 "시는 그 사람이다"라고 했다. 이 시집의 시들은 초석 시인 자신의 삶, 곧 일생을 노래했다. 시인의 삶과 세월은 그리움과 슬픔이고 행복함이었다. 이런 삶에서 우러나온 격조 높은 서정시들이다.

그러나 무겁기만 한 교훈적인 시들만은 아니다. 정서가 곱고 맑고 신선하다. 리듬이 경쾌하고 다양한 표현 기법을 동원하여 변화를 기함으로써, 읽고 음미하고 싶은 좋은 시들이다. 나와 세상을 아름답게 할 귀한 시들이다.

독자들의 일독을 자신있게 권한다.

당신의 시간 통장　**장희우** 시집

발행일	2024년 11월 30일
저 자	장희우
발행인	하상규
발행처	새문화출판사
주 소	47797 부산광역시 동래구 호현길7-4
	T. 051-522-1607 / F. 051-522-1607
	M. 010-5091-1607
	E-mail. ha2677@hanmail.net
등 록	2009년 12월 3일 제2009-000008호
인쇄처	제이엠프린트　　M. 010-3560-9473

ISBN　979-11-974146-8-8
정가 : **12,000원**

무단전재 및 복제행위는 저작권법에 의거, 처벌의 대상이 됩니다.